KB056648

미라클맵

꿈을 이루는 기적 지도

MIRACLE MAP

미라클맵

엄남미 지음

Dreams
come
true.

Castingbooks

꿈을 이루어주는 마법의 도구

사람들은 꿈이 절실할 때 간절하게 기도한다. 소원을 이루어주는 마법의 도구가 있다고 가정하자. 그 도구를 모든 집단이 사용하여 한 가지 소원을 향해서 어떠한 부정적인 생각이 없이 믿는다면 반드시 이루어진다. 소원은 간절히 그 소원이 이루어진다는 믿음이 있어야 한다. 현실에서 생활하다보면 믿음을 유지하기가 쉽지 않다. 사람들은 '보이지 않는데 어떻게 이루어진 것을 믿을 수 있을까'라고 생각한다.

꿈은 보이지도 만져지지도 않지만 실제로 이룰 수 있는 도구가 존재한다. 이 책에서는 그 마법의 도구를 '미라클맵'이라고 부른다. 알라딘의 요술램프의 지니는 반드시 있다. 요술램프를 문지르면 지니가 나와서 주인님의 소원의 명령을 실행시킨다. 요술램프가 바로 미라클맵이다. "무슨 말도 안 되는 이야기를 하고 있지?"라고 말하는 분들 역시 마음속에 미라클맵이 있다. 모든 사람들의 마음속에는 어떠한 꿈이라도 이루어줄 수 있는 마법의 도구가 존재한다.

어린 시절 넉넉하지 못한 형편에 먹고 싶은 것을 마음껏 먹지 못해 배가 고팠다. 항상 허공에다 대고 먹을 것을 그려서 먹었다. 만약 돈가스가 먹고 싶으면 허공에 돈가스를 그려서 실제로 '냠냠' 먹는 시늉을 하면서 먹고 배불렀다. 실제 있지도 않은 돈가스를 그려서 먹었는데도 배가 불렀다. 신기했다. 있지도 않은데 상상하면서 실제로 있는 듯 먹으니 배가 불렀던 기억, 혹시 지금 이 글을 읽고 있으면서 공감이 가는가? 나는 그 어린 7살의 배고팠던 시절에 간절하게 소원을 하나 마음속에 그렸다. 이 책에서 말하는 미라클맵에 이미지를 하나 새겼다. "나는 커서 돈을 벌면 내가 먹고 싶은 모든 것을 다 사먹을 거야." 간절했고, 배가 고픈 순수한 소녀의 소원을 마음속으로 빌었고 그 소원은 20년 후에 이루어졌다.

넉넉하지 않은 형편에 친구들이 손가락이 길어서 피아노 치면 잘 치겠다고 칭찬을 해주어도 엄마는 "돈이 없어서 피아노 학원에는 갈 수 없어"라고 말했다. 그때 나는 피아노 학원에 다니는 8살 내 친구들이 너무나도 부러웠다. 그러나 피아노를 못 친 것이 아쉬워서 20년 후에 아이들이 다니는 피아노 학원에도 다니게 되고, 바이올린도 배워서 연주도 하게 되어 이루지 못했던 꿈을 모두 이루었다. 누구나 지금 어떤 소원이 이루어지지 않는다고 해서 낙담할 필요가 전혀 없다. 가슴 속에 그린 간절한 소원은 반드시 이루어진다.

꿈을 이루어주는 마법의 도구를 고안했다. 미라클맵이라고 불리는 이 요술램프는 바라는 모든 것을 이루게 해준다. 수많은 꿈을 모두 이루었기에 나는 증명할 수 있다. 성공학의 모든 거장들이 말하는 것도 이 미라클맵에 있다는 것을 연구하면서 알아냈다. 마술이나 꿈이야기가 아니다. 이 책에서는 '왜 미라클맵이 꿈을 이루게 하고, 어떻게 하면 더 빨리 꿈을 이룰 수 있을까?'에 대하여 실례와 과학적인 근거를 제시한다.

기존에 아무리 자기계발서를 읽고 실천 해봐도 안 이루어졌던 이유는 이 미라클맵을 만들지 않기 때문이다. 모든 것의 시작은 이 미라클맵에서 출발한다. 여러분의 꿈을 이루어주는 이 기적 지도를 만들지 않으면 앞으로도 다른 사람들이 이루는 꿈들을 보면서 자신을 자책하게 될 수도 있다. '나도 저런 꿈이 있었는데...'라면서 생각만 하지 말고 이제는 미라클맵이라는 마법의 도구를 사용해 모든 꿈을 이루어보자. 나는 나의 모든 꿈을 이런 식으로 이루어왔다. 미라클맵을 가지고 가슴속에 한번 입력하면 거의 모든 이미지가 다 실현된다. 그 힘을 믿었기 때문이다.

나는 매일 시각화를 실천한다. 미라클맵을 매일 보면서 더 큰 꿈을 그리고 업데이트 한다. 이 미라클맵의 연구 결과는 내가 직접 얻은 수년간의 연구와 자기 투자, 자기계발, 수많은 역경 속에서 탄생한 것이다. 지금까지 이런 미라클맵을 심도 있게 연구한 책은 없었다. 이 책은 세상에서 단 하나의 기적이 될 것이다. 왜냐하면 내가 체험한 모든 기적의 집합소이기 때문이다. 나는 미라클맵을 만들면서 셀 수 없는 기적과 풍요로움을 얻었다. 상상할 수 없는 경험들을 다 현실로 만들어 냈다. 그래서 나는 자신 있게 말할 수 있다. 이 미라클맵은 꿈을 이룰 수 있는 유일한 도구라고. 중요한 것은 나만 그런 것이 아니고, 나와 함께한 세미나의 많은 사람들, 현재 운영하고 있는 카페의 회원님들이 함께 체험하는 기적들이어서 널리 일반화할 수 있다.

다양한 각도에서 연구하고 외국의 성공 사례들을 알아보고 실제로 성공한 분들을 만나서 인터뷰해 본 결과, 성공의 첫 단계에 그들은 이미 미라클맵을 만들었다는 것을 알 수 있었다. 또한 이 방법은 세상 어느 것보다 쉬워서, 오직 종이와 풀, 컴퓨터 사인펜, 하드보드 드로잉북이나 종이만 있으면 된다. 간단한 전지나 전단지에다 붙일 수도 있고, 지금 당장 휴대폰에다 만들 수도 있다. 세상에서 간단한 도구와 마음만 먹으면 1분 만에 만들 수 있는 미라클맵을 만들지 않는 것은 수십억의 가치가 있는 효과를 버리는 것과 마찬가지다. 풍요로운 삶을 살 수 있는데 그 기회를 놓치게 되는 것이다. 반드시 이 책을 끝까지 읽고, 중간 중간에 마음이 끌리면 그 자리에서 미라클맵을 만들자.

책의 내용을 따라서 몰입하다보면 이미 꿈이 다 이루어진 느낌이 들 것이다. 아주 좋은 현상이다. 따라서 이 책을 매일 끼고 살면, 여러분이 바라는 모든 꿈이 다 이루어진다고 감히 말할 수 있다. 내 경험이고 함께 만드는 분들의 증거가 가히 모두다 기적이다. 평생 활용하여 꿈을 업데이트하고 열정을 다시 점검하게 된다. 살아가는 게 활력이 되고 아침에 일어나는 것이 설레게 된다면 안 만들 이유가 없지 않은가?

미라클맵은 성공 공식이다. 방정식이라서 딱 떨어진다. 예외가 없다. 반드시 이미지에 적은 모든 것이 이루어진다. 시간의 속도에만 영향을 받을 뿐이지 이루어지는 데에는 한 치의 의심도 없다. 의심이 많은 사람들도 일단 만들기만 하면 그 의심이 서서히 사라진다.

평생 꿈을 이루는데, 힘이 들어가는 노동이 필요하거나 숨차게 발로 뛰는 것이 필요한 게 아니다. 그저 만들고 바라보고 좋은 느낌을 느끼는 것이 전부이다. 이렇게 하면 꿈을 이루는데 시간이나 재산, 돈을 절약할 수 있다. 또 시간이나 재산, 돈을 더 불려줄 것이다. "여러분은 여러분이 생각하는 그 모든 것이 될 수 있다. 생각은 현실이 된다. 생각은 물질이다. 이미지는 굉장한 힘이 있다. 잠재의식은 모든 것을 다 가능하게 해준다. 여러분 안에는 전지전능한 힘이 있다. 선명하고 구체적으로 꾼 꿈은 반드시 이루어진다." 라는 말을 들어봤을 것이다. 책도 많이 읽고, 실제로 생각하고 상상하려 했지만 잘 안 되어서 중도에 포기했을 것이다. 하지만 이제는 걱정하지 않아도 된다. 중도에 포기하는 일이 없고, 만들면 만들 수 록 재미있고, 즐겁게 하는 놀이 같아서 계속 만들게 되는 미라클맵이 여러분에게 있다.

다른 책에서 말하는 추상적인 이야기들은 이미 성공한 사람들이 미라클맵을 만들어서 꿈을 이룬 이야기다. 과정을 보여주지 않고서 이미 다 이룬 이야기를 들으면 어떻게 꿈을 이룰지 방법을 모를 때가 많을 것이다. 이 책은 그런 답답함을 호소하는 분들을 위한 책이다. 당신이 이 책을 읽는 순간에 가슴이 떨려서 당장 만들고 싶은 마음의 동기가 생겨날 것이다. 나는 확신한다. 이 책을 읽는 분들의 모든 꿈이 이뤄졌다고, 이미 내 마음의 기적 지도에 당신들의 꿈을 그렸다. 그리고 의식을 환하게 비추어 사회에 도움이 될 훌륭한 인물들이 되어 있을 것을 기쁜 맘으로 상상했다.

성공법칙과 철학을 연구한 사람들은 안다. 이 방법이 꿈을 아주 간단히 이루는 것임을. 하지만 지금까지 이렇게 자세하게 제시해준 책이 없었다. 그래서 간절한 마음으로 절실하게 이 책을 연구하면서 썼다. 미라클맵은 가족과 함께 만들 수 도 있고, 회사의 직원들과 함께 만들거나, 친한 친구들과도 함께 만들면서 서로의 꿈 이야기를 할 수 있는 고차원적인 꿈 놀이가 될 것이다. 마치 〈알라딘의 요술램프〉 영화를 관람하면서 팝콘과 콜라를 먹듯이 그렇게 가볍고 느긋한 마음이면 된다.

이 책을 구입한 여러분들은 남들보다 더 행동적이고, 발전적이고 자기계발을 많이 했을 것이다. 하지만 할 때마다 별로 효과를 못 봐서 이리 저리 돈과 시간을 투자해도 제자리일 수도 있다. 이 책을 들었다는 자체가 이미 꿈을 이루었다는 뜻이다. 나는 이 미라클맵의 체험자로서 강하게 확신할 수 있다. 책에서 하라는 대로 하고 미라클맵을 만들면 여러분이 바라는 모든 꿈을 다 이룰 것이라고. 시간과 돈 모두가 다 여러분 편이 될 것임을 확신한다.

그동안 내가 미라클맵으로 누렸던 행복과 지금도 가슴 뛰는 삶을 사는 이 흥분과 아침마다 일어날 때 설레어 새벽 3시 이전에 매일 눈이 떠지는 이 삶의 기쁨을 이 책에 다 담았다. 아무리 자기계발을 해도 소용이 없다는 분들은 매일 이 책을 머리맡에 두고 자고 일어나자마자 읽는다. 미라클맵과 함께 들고 다니면서 스스로 매일 꿈을 확인하길 바란다. 여러분만의 기적이 있는 곳으로 지금 떠나보자.

― 새벽 4시 가슴이 설레는 기적 안내자
엄남미

낙타와 사막여우

너 혹시.
미라클맵이 뭔지 알아?

    뭐? 미라클 맵? 그게 뭔데?

기적의 지도라는 거야.

    어딜 갈수 있기에 기적이라는 거야?
    뭐. 오아시스라도 가는 거야?

말하자면,
사막 같은 험난한 인생에서
오아시스를 가는 거지.

    그래서, 어떻게 가는 건데?

자.
네가 지금 사막에 있다고
생각해 보자.

    생각만 해도 목이 말라와.

사막을 걷고 있는 너에게
먹다 남은 약간의 물이 있고,
햇볕은 살인적으로 너무 뜨겁고,
가야할 길을 잃었다고 말이야.

지금 너의 기분이 어때?

큰일이지.
이러다 땡볕에서 죽을 수 도
있겠구나 생각하겠지.

그때
네가 선인장 아래에서
조그만 상자를 하나 발견했는데,
그곳에 지도 같은 게 있는 거야.
바로. 오아시스로 갈 수 있는
지도인거지.
어떻게 할래?

뭘 어떻게 해!
무조건 가고 봐야지.
당장 말라 죽지 않으려면.

그래 맞아. 그런데,
너의 인생은 지금 어때?
설마, 사막에 있는 건 아니겠지?

뭐. 사막정도는 아니지만,
늘 행복하진 않아.

그럼 무엇 때문에
네가 행복하지 않은 걸까?

그거야
먹고 살기에 돈도 충분히 많지 않고,
자꾸 일하기도 싫고, 되는 것도 없고,
그 흔한 사랑도 없지.

그렇다면, 지금 너의 상태가
사막에 있는 것보다는
나은 삶인걸까?

무슨 소리야?
최소한 여기서는 죽을 걱정은 없잖아?

다시 물어볼게.
인생은 죽지 않을 정도면
괜찮은 거야?

무슨 말을 하고 싶은 거야?
날도 이렇게 사막같이 더운 날에?

너의 인생이
사막처럼 죽을 정도는 아니지만,
오아시스를 발견한 것처럼
행복하지도 않은 건
사실이잖아?

그래서?

우리는 모두
사막 같은 곳에 있다고 생각해.
그 사막에서 꼭 필요한건
오아시스를 갈 수 있는
지도가 아닐까?

　　　　　　　　　　　기적의 지도?

그래. 맞아.
예전에 우리는 모두
지도를 가지고 있었지만,
실수로 그걸 잃어버렸던 거야.

그런데, 우리가
그 지도를 다시 찾을 수 있다면,
우리의 인생은 어떻게 될까?

　　　　　　　　모두 다 오아시스에 있지 않을까?

맞아! 나도 그렇게 생각해.
우리는 늘 지도를 보면서
활기차고 행복해 지겠지.

　　　　　　　오아시스를 생각하면 너무 행복해.

미라클맵은
사소한 지도 한 장으로
기적을 만들어 내는 거야.
그래시 미라클맵이라고
말 할 수 있는 거야.

차례

02 '미라클맵(MIRACLE MAP)'으로 꿈이 이루어지는 이유

02 '미라클맵(MIRACLE MAP)' 실전 연습

Part 1

★

왜 당신의 꿈은
이루어지지 않는가?

'미라클맵(MIRACLE MAP)'이란 무엇인가?

미라클맵은 잠재의식을 움직이게 하는 이미지를 말한다.

기적처럼 꿈이 이루어지는 지도가 있다면? 당신은 지금 당장 그 지도를 사서 꼼꼼히 살펴볼 것이다. 보통 지도라는 것은 우리가 길을 잃고 헤맬 때마다 우리에게 정확한 방향을 가르쳐준다. 이처럼 꿈의 기적 지도 역시 현실에서 꿈을 잃고 사는 사람들에게 마음속 방향을 정확히 제시해줄 것이다. 그러니 꿈으로 가는 길을 잃을 염려가 없다. 지금 당장 자신의 꿈의 기적 지도를 계속해서 만들어 낼 수 있다. 단순히 이미지 하나로 마음을 움직이게 하는 잠재의식 속 기적의 세계로 미라클맵을 가지고 모두 떠나보자.

잠재의식은 이미지로 각인된다. 우리의 의식을 채우고 있는 것은 현재의식 5%와 잠재의식의 95%이다. 빙산의 아래에 잠재되어 있는 95%의 잠재의식을 끌어내면, 어떤 꿈도 이루어진다. 인간의 두뇌가 기적의 이미지를 보게 되면, 꿈이 이루어지는 방향으로 행동 한다고 한다. 심리학자와 정신의학자들은 이미지로 전달된 생각이 잠재의식으로 전달되면, 두뇌에 세포가 만들어진다고 한다. 어떤 이미지든지 두뇌의 세포가 수용하면 잠재의식은 바로 실행한다. 잠재의식은 두뇌의 이미지와 관련된 모든 지식의 조각을 이용하여 목적을 이룬다. 잠재의식은 인간의 내면에 저장된 이미지를 무한한 지혜와 지성을 사용하여 꿈을 이루어준다. 꿈을 이루기 위한 모든 수단을 동원한다.

미국 심리학자이며 '근대 심리학의 창시자'로 일컬어지는 윌리엄 제임스는 세상을 움직이는 힘이 잠재의식의 이미지에 있다고 했다. 잠재의식은 무한한 지혜와 지성을 가지고 있기에 어떤 식으로든 꿈의 이미지를 이루어준다. 현재의식과 잠재의식이 조화롭고 평화롭게 작용하면 어떤 질병이나 부조화도 존재하지 않게 해준다. 세상을 움직일 정도로 꿈을 이루게 해주는 잠재의식에 생명을 주는 생각을 키우고, 부정적인 이미지는 지운다. 꿈의 기적 지도 작업을 계속하다 보면 과거의 안 좋은 이미지들이 모두 사라지는 것을 경험하게 된다.

윌리엄 제임스는 잠재의식에 간직된 이미지가 신념이 뒷받침되면, 모든 것이 실현된다고 했다. 마치 보물이 있는 곳을 찾아가는 항해처럼 꿈이 이루어진다. 잠재의식을 활용하여 어떤 상태도 추측하지 말고, 이미지가 이루어졌을 때의 결과만을 상상한다. 주변에 어떤 방해가 있어도 어린 아이처럼 기적을 일으킨다는 신념을 유지한다. 마음속의 이미지가 생생하게 떠오르지 않으면, 우선 미라클맵을 만들어야 한다.

자신의 행복한 사진이나 가지고 싶은 물건, 살고 싶은 집 등을 이미지로 붙여 놓는다. 미라클맵을 만드는 방법은 앞으로 자세히 이야기할 것이다.

신념은, 그 자체가 우리가 일반적으로 하는 상상력이나 허구에서 생겨난 관념이라는 것보다 훨씬 강하고 생생한 느낌이다. 신념이란 일종의 느낌 또는 정서인 것이다. 따라서 그것은 단순한 관념이 아니라 생생하고 원초적인 관념인 인상의 일종인 것이다.

한 영화배우는 자신이 기초적인 교육을 거의 받지 못한 점을 떠올렸다. 하지만 반드시 자신이 바라는 꿈을 이룰 수 있다는 확신이 있었다. 그는 들판에서 풀을 벨 때마다, 소들을 집으로 몰고 가면서, 유명한 영화배우 사진 한 장을 호주머니에 가지고 다니며, 잠재의식에 이미지로 각인시켰다. 소젖을 짜면서도 자신의 꿈이 너무도 간절했기에 그는 이렇게 말했다. "나는 끊임없이 큰 극장에서 커다란 조명 아래에 있는 내 이름을 보는 상상을 했었습니다. 나는 집에 있는 동안 수년간 그 배우사진을 보는 행동을 계속했습니다. 그러다 영화 단역 일을 구했고, 이미지를 보면서 상상했던 것처럼 커다란 조명 아래에 있는 내 이름을 보게 되었습니다. 나는 이미지를 지속적으로 보며 상상하는 힘이 성공을 가져다준다는 걸 알고 있습니다."

약국을 운영하고 싶은 사람이 있었다. 그는 자신이 약국을 운영하고 있을 때를 상상하면서, 그와 비슷한 이미지의 사진을 찾아 지갑 속에 가지고 다녔다. 그리고 병원에 약을 지으러 온 사람들을 위해 처방전을 준비하면서 웃고 있는 모습의 사진도 구했다. 그는 약국을 개업하기 위해서는 많은 돈이 필요하다고 생각했다. 그래서 돈에 관한 이미지도 찾아 들고 다녔다. 마음속에서 이미 사진의 약국 속에서 일하고 있다는 느낌을 생생히 떠올렸다. 이미지로 떠올리면 그대로 이루어진다는 걸 약사는 알고 있었다. 놀랍게도 그때 떠올렸던 그 약국에서 경영을 시작했다. "그곳은 내가 정확히 상상속의 이미지로 실제로 봤던 곳입니다." 그 약사는 자신이 간절히 바라던 약국에서 인정받는 사람이 되었다. 그는 자신이 좋아하는 분야의 일을 하면서 행복했다.

잠재의식은 꿈의 기적 지도를 지니고 있으면 반드시 그것과 똑같은 혹은 비슷한 것을 끌어당겨준다. 집을 사는 게 소원이었던 사람이 있었다. 그 사람은 매일 밤 잠들기 전에 자신의 이상적인 집의 사진을 보면서 생생하게 이미지를 보는 것처럼 상상했다.

"내 잠재의식의 무한한 힘은 모든 것을 다 알고 있다. 내 잠재의식은 수입에도 적당하고, 아주 아름다운 위치에 교통도 편리한 곳의 집을 보여준다. 그 집은 멋진 환경 속에 있고, 주변에 이웃들도 친절하며, 내 요구사항에도 부합되고, 가족 모두의 행복한 공간이다. 나는 이제 이 꿈을 농부가 성장 법칙에 의해 곡식이 자라날 것을 확신하며 씨앗을 뿌리는 것처럼 뿌려둔다. 절대적인 신념과 자신감으로 그 집이 나에게로 오고 있다"

이렇게 마음속으로 생생하게 되뇌고 상상하는 것은 외부는 내부를 반영한다는 법칙에 따라 고스란히 끌려온다. 안에서 그러하

듯 바깥에서도 그러하다. 잠재의식에 심어진 심상이나 이미지는 주관적인 마음 세계가 외부의 객관적 세계를 끌어온다. 살고 싶은 집의 이미지와 일치하거나 꿈의 집을 떠올린다. 잠재의식이 어떻게 그것을 가져다줄지는 알 필요가 없다. 우주의 끌어당김의 힘이 잠재의식에 각인된 인상으로 반드시 현실세계에 기적처럼 가져다 줄 것이다. 오직 필요한 행동은 꿈을 이루기 위해 필요한 이미지를 구하여, 그것을 보면서 기분 좋은 감정을 느끼는 것이다.

우리가족이 전원주택에서 살게 된 계기도 다 미라클맵 덕분이었다. 언젠가 인터넷에서 아름다운 집 사진을 찾아 현관 두꺼비 집에 붙여 놓았다. 그리고 얼마 후에 그 사진을 보는데 우리 네 식구가 잔디 마당에서 즐겁게 뛰어 놀고 있는 기분이 아주 생생하게 떠올랐다. 몇 개월 후, 행복하게 뛰어 놀며 아이들이 평생 행복한 기억을 떠올릴 그와 비슷한 집으로 이사를 갔다. 먼저 마음속에서 이미지를 그리면 꿈의 기적 지도가 모든 것을 가져다준다. 중요한 것은 미라클맵을 항상 마음속에 품고 다니는 것이다. 잠재의식은 원하는 어떤 것이라도 이룰 수 있는 우주의 힘이다. 그러니 과감하게 원해도 된다. 이 책을 읽으면서 책에 제시된 대로 미라클맵을 만들면 독자들의 삶에 기적 같은 마법들이 펼쳐지리라. 상상 이상의 꿈을 생생하게 꿀 준비가 되어 있는가. 이 책을 마음속에 항상 가지고 다니면서 읽고 또 읽자. 꿈의 기적 지도를 당장 만들자.

빌 게이츠, 조앤 K. 롤링, 오프라 윈프리
그들은 왜 미라클맵을 만드는 걸까?

마음속으로 이미지를 생생하게 그릴 수 있는 사람들은 반드시 성공한다. 그래서인지 성공한 사람들이나, 행복한 부자로 불리는 사람들은 자신의 꿈을 위해 마음속에서 끊임없이 미라클맵을 그린다. 그래서 이미지로 선명하게 저장이 되어, 외부 세상에 바로 나타나게 한다. 그것이 무엇이 되었건 간에. 마이크로 소프트 회장 빌 게이츠, 『해리 포터』라는 초대형 베스트셀러 작품을 쓴 조앤 K. 롤링, 미국에서 가장 영향력 있는 여성 지도자 오프라 윈프리도 끊임없이 미라클맵을 만든다.

왜 그들은 미라클맵을 계속해서 만드는 것일까? 그들은 이미 자신이 부자가 된 모습을 머릿속에서 선명하고, 생생하게 그렸기 때문이다. 그들의 뇌는 계속해서 더 구체적으로 그리게 한다. 미라클맵은 사람들에게 큰 영향력을 주는 모습으로 구체화된다. 그저 평범하게 그리는 것이 아니라 완벽하게 그린다. 건물의 설계도를 그리듯 그렇게 생생하게 그리기 때문에 그 꿈은 반드시 이루어진다.

빌 게이츠는 마이크로 소프트 창업자로 컴퓨터 산업을 통해 거대한 부를 쌓았다. 그는 미라클맵을 생생하게 꿈꾸는 것도 모자라 건축물의 도면처럼 '설계'해 버렸다. 빌 게이츠는 10대 시절부터 세계의 모든 집에 컴퓨터가 한 대씩 있는 것을 생생히 그렸고, 그 그림을 가슴속에다 그렸다. 마치 세계지도에 컴퓨터가 찍혀져 있는 것처럼 실감나게. 고등학교를 다닐 때, 하루 종일 컴퓨터만 보고 있는 빌 게이츠를 담임선생님은 그냥 놔두었다고 한다. 그는 그 정도로 꿈에 몰입이 되어 있어서 오늘날 그의 꿈이 모두 실현된 것이다.

2008년 11월 4일 오프라 윈프리는 대선이 있던 날 아침 바로 미라클맵을 만들었다. '버락 오바마'의 사진을 붙이고, 자신이 대통령 취임식 때 입을 드레스 사진을 붙였다고 한다. 상상으로 모든 것을 가능하게 하는 미라클맵은 물질이 되어 현실로 나타나게 한다. 오프라 윈프리가 자신이 입을 드레스를 상상하며 얼마나 기쁜 감정을 느꼈을까? 그녀는 미래의 일을 미라클맵으로 끌어당겼다.

조앤 K. 롤링은 『해리 포터』를 쓰고 나서 출판사들로부터 줄줄이 거절을 당했다. 하지만 절대 포기하지 않고, 자신의 실패를 교훈 삼아서 포기하지 않고 계속해서 출판사로 투고를 했다. 그녀는 하버드 연설에서 "실패는 축복이고 선물이다"라는 말을 했다. 딸의 분유 값도 벌지 못하는 가난한 기초생활 수급자였지만, 조앤 K. 롤링은 자신의 꿈을 한 번도 버린 적이 없었기 때문에 아주 큰 성공을 거두었다. 그녀는 카페에 가서 커피 한잔을 마시며, 매일 10시간 이상을 글을 썼다고 한다. 미라클맵을 만들면 그녀처럼 그렇게 오랫동안 앉아서 글을 쓸 수 있게 된다. 물론 그 결과는 큰 성공으로 이어진다.

아름다운 삶이란 고생이 없는 삶이 아니다. 어떠한 고생도 자신을 사랑하기 위한 과정이라 여겨야 한다. 꿈을 그리기를 멈추지 않고 끊임없이 미라클맵을 가슴에 품는다. 그러면 하루를 정성스럽게 살게 되고 일생을 '자기답게', '푸념 없이', '언제까지나' 꿈을 이룰 수 있는 행동을 할 수 있다. 그런 의미에서 실패는 오히려 축복이라고 할 수 있다.

성공철학에서는 이미지 활용법을 항상 강조한다. '이미지를 확실히 머릿속으로 생생하게 그려라. 눈앞에 있는 것처럼 확실하게 상상하라'는 말을 자주 강조한다. 왜 그들에게 미라클맵이 그렇게 중요한 것일까? 목표를 종이에 적기만 하는 사람과 목표를 이룬 모습을 미라클맵으로 만든 사람은 그 결과에 있어 차이가 많이 난다. 미라클맵은 잠재의식을 정확히 반영하는 것이라서 그 효과가 더 좋다. 자신이 바라는 꿈의 목적지를 계속 보면서 '이런 집, 이런 배우자, 이런 차, 이런 직업, 이런 꿈을 꼭 갖고 말겠어!'라는 다짐을 하게 한다. 그 다짐을 잠재의식에 깊이 새겨 넣고 목표를 가지고 열정적으로 일에 전념하는 방법이기 때문에 거의 대부분의 성공한 사람들은 미라클맵을 만든다.

19살의 어린 일본 레슬링 선수가 미국으로 원정 경기를 하러 갔다. 경기 후 미국이라는 나라에 매료된 그 청년은 아메리칸 드림을 이루기 위해 미국에서 살기로 하였다. 자신이 가진 돈의 전부는 겨우 400달러였고, 누군가 도움을 줄 사람도 없었고, 영어도 잘 하지 못했지만, 낯선 땅에 최악의 상황에서 그는 역경에 굴하지 않았다. 반드시 이곳에서 넉넉하고 풍요로운 삶을 살겠다고 다짐을 했다. 그리고 고급 자동차를 손에 넣겠다고 생각하며 자동차 사진을 찍어 호주머니에 가지고 다녔다. 그 사진은 롤스로

이스 자동차 주인에게 간곡히 부탁을 해서, 자동차 앞에서 자신이 웃고 있는 사진을 찍어 달라고 했다. 그 청년은 나중에 미국의 대부호가 되었다. '베니하나'의 체인점 오너가 된 그는 미라클맵의 효과를 의심하지 않았다.

닮고 싶은 사람들을 찾거나, 가지고 싶은 물건을 찾아 미라클맵을 만들면 그 꿈이 이루어진다. 빌 게이츠에게 신문기자들이 성공의 비결을 가르쳐 달라고 한적이 있었다. 그의 대답은 바로 '미라클맵'이였다. 큰 비전을 가슴에 품고, 큰 뜻을 펼치는 사람들에게 하늘은 큰 부와 성공을 가져다준다. 왜냐하면 미라클맵은 비전을 실현하게 하는 첫 단추이기 때문이다.

조앤 K. 롤링은 남편과 이혼 한 후에 어린 딸의 감기약과 분유를 살 수 없을 정도로 생활고에 시달려야 했지만, 미라클맵을 보면서 큰 비전을 품고, 가능성을 믿고, 꿈을 위해 행동했을 뿐이다. 미라클맵을 가지고 있는 사람은 타인과 비교해 계속해서 성과를 올릴 수 밖에 없다.

미라클맵의 성과들을 확인하면서 아주 작은 성과라도 스스로를 칭찬하고 인정하면서 의욕과 열정을 지속한 사람들이다. 열정이 오래 지속되다 보니 확신을 하고, 결국 큰일을 해내게 된다. 그들이 했다면 여러분도 충분히 가능하다.

미라클맵이 없는 사람들이 꿈을 이루지 못하는 이유가 있다.

지도는 우리가 길을 잃었을 때, 우리가 어디로 가야 하는지를 알려준다. 만약 당신이 처음으로 해외여행을 갔는데, 손에 지도가 없다면 얼마나 당황하겠는가? 당신은 제자리를 뱅뱅 돌면서, 누군가 와서 어디론가 자신을 데려가주길 멍하니 기다려야 할 것이다. 그런데 그때 마침 누군가가 나타나서 당신에게 지도를 주고, 어디로 가라고 방향을 제시해준다면, 당신은 마치 구세주가 나타난 것처럼 기뻐할 것이다.

비행기를 타고 샌프란시스코를 간다고 가정해보자. 당신 비행기에게 어디로 가라고 방향을 정해주지 않고 그냥 명령하게 되면, 10시간 정도면 갈 거리를 몇 년이 지나도 도착할지 알 수 없다. 비행기는 계속 하늘 위를 날다가 연료가 떨어져서 어떻게 될지도 모른다. 정확히 샌프란시스코 공항을 입력하고 구체적인 방향을 제시하면 어떤 식으로든 정확한 시간에 도착한다. 목적지를 정하고 가는 삶과, 정하지 않고 가는 삶의 결과는 차이가 있다.

미라클맵이 없는 사람들은 비행기처럼 똑같은 곳을 계속 뱅뱅 돌 수 있다. 아인슈타인은 말했다. "문제가 만들어질 때의 사고로는 그 문제를 풀 수 없다." 이것은 강력한 통찰력이다. 만일 미라클맵이 없이 문제가 생겨서 해결을 하려고 하면, 우리는 어디로 가야할지 모른다. 같은 곳에서 똑같은 문제를 반복하게 된다. 문제가 만들어질 때의 믿음이나 똑같은 사고방식으로는 문제를 풀지 못한다. 아마도 다른 문제나 도전을 만들어 낼 뿐, 거기에서 벗어나서 끊어 내거나 돌파하지 않는다. 미라클맵이 없는 사람들은 계속 똑같은 문제 속에서 반복되는 생활을 할 수 밖에 없다. 문제를 돌파하고 지금의 상황에서 빠져 나오기 위해서는 미라클맵이 반드시 필요하다.

정신적으로 해결되기를 바라는 모습을 미라클맵으로 만들어서 항상 가지고 다닌다. 무엇인가를 해결하고 얻어내고 싶을 때 마음속에 그것에 대한 이미지나 느낌, 생각을 가질 수 있어야 한다. 이성교제, 건강, 돈, 직업, 자신의 현재 소원에 대해 정확한 목적지를 가져야 한다. 그리고 그에 상응하는 생각과 그림과 느낌의 이미지를 항상 가지고 다녀야 방향을 잃지 않는다.

영국의 심리학 교수인 리처드 와인만은 2007년에 미라클맵과 관련한 실험을 했다. 3,000명에게 새해에 목표를 마음속으로 상상하고 미라클맵을 만들라고 했다. 그 사람들 중에서 새해 목표를 이룬 사람들은 12퍼센트 밖에 되지 않았다. 그들의 특징은 미라클맵을 계속해서 들고 다녔던 사람들 이었다. 미라클맵을 항상 몸에 지니고 다닌 사람들은 행동을 해서 새해 계획을 실천했지만, 그렇지 않은 사람들은 여러 가지 이유를 찾으면서 변명만 늘어놓았다. 미라클맵은 가지고만 다녀도 꿈을 이루는데 큰 역할을 한다.

에마 커티스 홉킨스는 "뚜렷한 한 가지 목표에만 집중하고, 그 밖의 모든 산만한 것들을 거부하는 데에 성공이 달려 있다"고 말했다. 미라클맵을 가지고 그 한 가지 목적지를 바라보면서 가다보면 다른 부수적인 것들도 따라온다. 우리 안에는 모든 것을 극복할 수 있는 잠재 된 가능성이 무한히 존재한다. 불필요한 행동과 관계를 미라클맵은 알아서 걸러내 줄 것이다. 모호하고 흐릿한 미라클맵이 없는 사람들과 어울리면, 무익한 잡담으로 삶이 혼란스러워진다. 미라클맵을 가지고 있지 않은 사람들은 표류하는 인생을 살 수 있다. 그들과 어울리는 것은 비생산적이라고 생각한다.

많은 사람들이 경제적 독립과 자유에 대한 미라클맵을 가지고 있다. 하지만, 자신의 생활 방식과 만나는 사람들을 제어하지 않으면, 정체되어 앞으로 나아가지 못한다. 그래서 성공한 사람들은 미라클맵이 있는 사람들과 어울린다. 자신의 에너지와 시간을 꿈을 이루기 위해 집중하지 않으면, 소득은 줄어들고, 삶의 여유가 없어지며, 진정한 휴식과 여가를 즐기기 힘들게 될 것이다.

인생의 목적이 적힌 미라클맵을 가지는 것이 좋다. 목적이 없는 삶은 우리를 방황하게 만든다. "내가 진짜로 원하는 게 뭐지?"라는 질문은 선지자와 복음서의 주인공들이 자신에게 던지는 말이다. 성공한 사람들과 하지 못한 사람들의 차이점은 이 질문을 하고 안 하느냐에 차이가 있다. 사회에 표류해서 그냥 떠돌아다닐 것인가? 아니면 적극적으로 미라클맵을 만들어 내가 원해서 선택한 삶을 살 것인가?

항상 결말의 관점에서 미라클맵이 이루어진 모습대로 살아야한다. 미라클맵을 만들어서 큰 성취를 하는 성공자들은 자신의 삶을 주도적으로 산다. 4,000억 자산가인 김승호 회장은 회사 사옥을 살 때에도 미라클맵을 만들었다. 매매대금을 마련하기도 전에 아침 일찍 점찍어 놓은 회사 건물에 들어가 사진을 찍고 '우리 회사 미래 사옥'이라고 크게 확대해서 가까운 곳에 붙여 놓았다. 그는 자신의 생각을 끊임없이 미라클맵에 적힌 목표에 초점을 맞춘다. 그는 생각을 끊임없이 자극할 만한 환경을 만들기만 하면, 어떤 꿈이든 미라클맵대로 다 이루어진다는 확신이 있었다. 그는 자신의 이메일 패스워드 암호를 '300개매장주간매출백만불'이라고 만들었다. 그리고 그는 그 목표를 당당히 이루었고, 또 계속해서 새로운 미라클맵을 만들어 나갔다.

많은 사람들이 성공한 삶을 살지 못하는 이유는 미라클맵을 믿지 못하기 때문이다. 맥스웰 몰츠라는 미국의 성형외과의사는 환자를 치유하다가 이상한 것을 발견했다. 환자의 마음속에 미라클맵이 없는 사람들은 그들의 믿음이 부정적으로 바뀐다고 했다. 따라서 인격도 부정적으로 변화하고, 인생도 안 좋은 방향으로 바뀌었다는 걸 발견했다. 미라클맵이 없는 사람들은 상상하는 모습들이 모두 부정적인 이미지가 강하다. 하지만 미라클맵을 가지고 있는 환자들은 하루에 30분씩 자신이 바라는 성공한 모습을 생생하게 그린다.

미라클맵을 만들기 위해선 자신이 지금 어떤 상황에 처해있는지 아는 것이 가장 중요하다. 만약 현 위치를 모르고 가야할 방향을 모른다면, 꿈을 찾지도 못할뿐더러 행동하지도 못할 것이다. 다음과 같은 질문을 통해서 현재 자신의 위치를 파악해 보자.

· MISSION 1 ·   자신의 위치 파악하기

1. 지금 내게 어떤 문제가 있는가?

_____

2. 지금 나의 기분은 어떠한가?

_____

3. 지금 나의 몸 상태는 어떠한가?

_____

4. 지금 나는 무슨 생각을 하고 있는가?

_____

5. 내가 꿈 없이 산다면 일어날 수 있는 가장 나쁜 일은 무엇인가?

_____

6. 내게 꿈이 있다면 일어날 수 있는 최상의 시나리오는 무엇인가?

_____

7. 어떤 두려움으로 인해 당신은 꿈을 가지지 못하는가?

_____

지금 자신이 가야 할 방향을 잃어버렸다면, 어떤 행동을 해도 제자리일 수밖에 없다. 지금의 자신의 위치를 파악하고, 다시 어린 시절 순수한 마음으로 돌아가 미라클맵을 만들기 위해 행복한 상상을 하자. 당신이 미라클맵을 만들었다면, 당신은 지금 조금씩 미라클맵에 적힌 대로 행동하기 시작할 것이다. 꿈을 이루기 위해서 거창한 것이 필요하지 않다. 오직 한 가지 마음속에 꿈을 이루기 위한 기적 지도 한 장이면 충분하다.

상상이 현실처럼 느껴지면 당신의 꿈이 이루어진다.

마크 빅터 한센은 뉴욕타임즈 베스트셀러 작가다. 그도 처음부터 성공한 사람은 아니었다. 그는 오직 미라클맵을 만드는 방법을 알고 있었다. 꿈을 이루어주는 기적 지도를 생생하게 마음속에 그리고 간직하여 행동한 것뿐이다. 그것이 그가 성공한 비결이었다. 모든 성공의 출발은 미라클맵을 만드는 것부터 시작된다.

마크 빅터 한센의 친구인 잭 캔필드는 『영혼을 위한 닭고기 스프』의 공저자이다. 잭 캔필드의 지인인 마시 시모프 역시 뉴욕타임즈 베스트셀러 작가이다. 어느 날, 마시 시모프가 '자신의 행복이란 무엇인가'를 연구하다가 잭 캔필드에게 물었다. "잭, 당신은 성공을 했으니, 분명히 지금 주머니에 미라클맵이 있지요?" 그랬더니, 곧바로 잭은 주머니에서 자신의 상위 5개의 미라클맵을 꺼내서 보여주었다. "마시, 저는 언제나 미라클맵을 몸에 지니고 다니면서 본답니다. 그리고 그것이 이루어지지 않은 적이 한 번도 없어요." 바쁘게 공항으로 가는 택시 안에서 마시 시모프는 성공한 사람들은 하나같이 미라클맵이 있다는 것을 새삼 깨닫게 되었다.

마크 빅터 한센은 1947년에 자신만의 TV프로그램을 갖고 싶다는 소망을 미라클맵에 적었다. 그리고 그 꿈을 생생하게 매일 상상했다. 지금은 세계적인 명강사이지만, 1947년에는 무일푼의 가난한 상태였다. 지금처럼 유튜브를 통해 텔레비전 프로그램을 쉽게 제작할 수 없었던 때라서, 방송을 하기 위해서는 많은 돈이 필요했다. 하지만 그는 그런 무일푼의 상태를 크게 성공한 상황으로 만들고 싶어서, 미라클맵을 만들었다. 9년 후, 마크 빅터 한센은 TV 방송국의 피디로부터 '당신의 이름으로 된 프로그램을 만들고 싶다.'라는 전화를 받았다. 그는 미라클맵을 하루도 거르지 않고 보며, 자신의 꿈을 쉽게 포기하지 않았다. 꿈의 기적 지도와 관련이 있는 행동은 어떤 것이든 다 했다. 필요한 행동을 거르지 않았다. 미라클맵의 꿈이 반드시 실현된다는 확신과 함께 그것이 이루어졌을 때의 행복한 상상을 하며, 엄청나게 설레었을 것이다. 『영혼을 위한 닭고기 스프』도 그런 설렘으로 만들어진 책이기에 전 세계에 사랑을 받고 있다.

꿈의 기적 지도를 만들고 들여다보고 필요한 행동을 하는 것이 꿈을 이루는 가장 빠르고 쉬운 방법이다. 미라클맵을 만들었다면, 즐거운 마음으로 그것이 이미 다가왔다는 상상을 한다. 현실처럼 느끼게 될 정도로 그 꿈과 하나가 되어야 한다. 그렇게 될 때에 미라클맵은 목적지에 도달하기 위한 모든 방법을 다 보여줄 것이다.

잭 캔필드는 다음과 같이 말했다. "사람들은 대부분 정말로 원하는 것이 있어도 그것이 이루어지리라 결코 생각하지 않는다. 그래서 미라클맵을 만들지도 않는다. 어떻게 해서 이루어질지 상상할 수 없기 때문이다." 어떻게 해서 이루어질지는 우주의 영역이라고 할 수 있다. 지금 하는 일에 최선을 다하고, 미라클맵을 버리지만 않는다면, 반드시 당신의 꿈은 이루어질 것이다.

미국의 성공한 기업가 클레멘트 스톤은 잭 캔필드에게 이렇게 말했다. "잭. 난 당신이 엄청나게 큰 목표를 정했으면 해. 그것을 이루고 나면 너무나 좋아서 펄펄 뛸 정도로 커다란 목표 말이야." 그 말을 들을 당시 잭 캔필드는 1년에 8천 달러를 벌고 있었다. 그래서 그는 클레멘트 스톤에게 이렇게 대답했다. "저는 앞으로 1년에 10만 달러를 벌고 싶습니다." 그때 당시에는 그도 어떻게 해낼지 아무 생각이 없었다. 하지만 이렇게 말했다. "그렇게 이루어진다고 선언하고, 그대로 이뤄진다고 믿고, 그게 사실인 것처럼 행동하고, 사람들에게 공개적으로 선언할 것입니다." 실제로 그렇게 하고, 10만 달러짜리 미라클맵을 만들어서 방 천장에 붙여 놓았다. 아침에 눈을 뜨면 처음 보는 것이 그 증서였다. 이런 식으로 그는 미라클맵을 마음에 품었다. 그런 다음 눈을 감고 10만 달러짜리 인생을 누리는 모습을 상상했다. 한 달간은 아무 일도 일어나지 않았다고 한다.

4주쯤 지나서 10만 달러 아이디어가 생각이 났다. "책 한권에 25센트를 받아서 40만부를 팔면 10만 달러가 된다." 자신이 쓴 책『영혼을 위한 닭고기 스프』가 있었지만, 그런 생각은 해보지 못했었다. 어떻게 팔아야 할지를 몰랐어도 된다고 생각했었다. 그러다가 슈퍼마켓에서 '내셔널 인콰이어러'라는 잡지를 보게 되었다. 그는 평소에 그 잡지를 수 만 번 봤었어도 눈에 들어오지 않았었다. 그러나 이제는 이렇게 생각했다. "저 잡지에 나에 대한 기사가 실리게 되면, 많은 사람들이 내 책에 대해 알게 되고, 적어도 40만 명은 사서 볼 거야."

약 6주 후에 그는 뉴욕에서 강연을 했었다. 잭의 강연이 끝나고 나자 어떤 여성이 그를 붙잡고 이야기를 했다. "강연이 너무 훌륭했습니다. 저는 '내셔널 인콰이어러' 잡지의 글을 싣고 있는 프리랜서 기자입니다." 잭은 그녀와 명함을 교환했고, 그 뒤로 일이 빠르게 진행되어 잡지에 그에 대한 인터뷰 기사가 나갔고, 책의 판매 부수가 엄청나게 늘어나기 시작했다. 그 해 잭은 10만 달러를 벌지 못했지만, 9만 2,327달러를 벌었다.

돈을 끌어당기기 위해선 풍요 의식에 집중해야 한다. 돈이 부족하다는 느낌은 더 많은 결핍을 끌어온다. 마크 빅터 한센이나 잭 캔필드처럼, 기뻐서 뛸 정도의 큰 기적 지도를 가지고 있어야 한다. 금전적인 꿈을 이룰 수 있는 괜찮은 방법이 있다. 그 방법은 자신이 만든 백지수표에 이름을 적고, 원하는 금액을 적는 것이다. 그리고 그 수표 용지를 언제나 잘 보이는 곳에다 붙여 두거나 지갑에 넣어 가지고 다닌다. 수표를 볼 때마다 이미 그 돈이 내게 있다는 기분 좋은 감정을 느껴야 한다.

미라클맵의 꿈이 이루어졌을 때의 감정을 느낀다. 그리고 돈을 쓰고 있는 자신의 모습을 상상한다. 사고 싶었던 물건을 사고, 하고 싶었던 일을 하고, 살고 싶었던 집에 살고 있는 모습을 생생하게 그린다. 그런 행동을 하는 자신이 얼마나 행복해할지 얼굴의 웃는 모습을 떠올려라. 상상하면 이미 당신 것이 되었으므로, 자신의 것이라고 믿어야 한다. 백지 수표를 만들어서 잭 캔필드처럼 막대한 돈을 불러들인 이야기는 수없이 많다. 필자도 그런 식으로 부를 끌어당겼던 경험이 있었다. 이것은 실제로 재미있는 게임이라고 생각하면 된다. 반드시 미라클맵은 당신이 원하는 부를 가져다 줄 것이다.

부정적인 생각이나 감정이 든다면 믿지 않는다는 뜻이다. 좋은 것이 자신에게 오는 것을 막고 있는 것이다. 좋은 것을 받으려면 이미 보이지 않는 차원에서 존재하는 부가 자신의 것이라고 선언해야 한다. 돈은 좋은 것이고, 돈으로 수많은 사람들이 행복하게 살고 있다. 스스로 돈이 들어오는 것을 막지 말아야 한다. 잭 캔필드와 마크 빅터 한센은 부족하다는 생각보다는, 넘치고 흘러내리는 막대한 부를 상상했다. 풍요에 더 집중을 했기 때문에 더 많은 부를 끌어당겼다.

그들은 이렇게 말했다. "다 잘 될 거라고 생각하고 풍요에 집중했다. 우주가 나의 소망을 이루어줄 것이라고 강하게 믿었고, 온몸이 그런 믿음을 반응하게 했다. 믿음에 반하는 어떤 것이 들어오지 못하도록 차단했다. 실제로 우주는 상상하지도 못한 방법으로 우리의 꿈을 실현시켜 주었다. 의심이 들 때에는 언제나 원하는 결과에 집중했다. 모든 것을 고마워했고, 또 고마워하면서 기뻐했고, 항상 행복하게 믿었다!"

인생에서 미라클맵을 잘 이룰 수 있는 방법은 항상 기분 좋은 상태를 유지하는 것이다. 그 꿈이 이루어졌을 때의 주파수가 행복이기에 행복한 기분을 자주 느껴야 한다. 무언가를 받기 위해선 내가 먼저 주어야 한다. 원하는 것이 이미 들어온 감정을 생생하게 느끼기 위해서 지금 당신은 행복해야 한다. 행복한 감정을 내보낼 때, 행복한 꿈들이 현실에 나타날 것이다. 이미 다 이루어졌다고 믿어라. 꿈이 이루어졌다고 느끼고 믿음으로서 이미 자신의 것이라고 주장하라. 그렇게 할 때 우주의 모든 법칙이 상황과 사람을 끌어당겨서 미라클맵의 소망을 이루어줄 것이다. 어린 아이들처럼 그저 순수하게 믿기만 하면 된다. 당신의 꿈을 위해 미라클맵을 만드는 순간 이미 그 꿈은 이루어진다. 당신의 의심만 없다면, 당신은 꿈을 이루는 기적을 보게 될 것이다.

　　백지수표 만들기

```
┌─────────────────────────────────────────────────────────┐
│  ┌───────────────────────────────────────────────────┐  │
│  │                                                     │  │
│  │   MIRACLE BANK              DATE 09 / 07 / 2020     │  │
│  │                                                     │  │
│  │          ₩ 1,000,000,000                           │  │
│  │                                                     │  │
│  │   9967 5445 010 3106 0009      SIGN  Nam Mi Um     │  │
│  │                                                     │  │
│  └───────────────────────────────────────────────────┘  │
└─────────────────────────────────────────────────────────┘
```

내가 꿈을 꾸면, 우주는 나를 돕는 우군으로 바뀐다.

　미라클맵은 이미지이지만 생각에서 나온다. 생각은 말로 표현된다. 표현된 말은 현실에서 강하게 물질화시키는 경향이 있다. 생각하는 순간 이미 마음속 이미지는 현실에 나타난다. 바라는 현실에 대해 결과를 정하고, 우주에 주문을 거는 미라클맵을 말로 표현하면, 우주는 모두 다 도와준다. 이때 바라는 것들은 전부 긍정적이어야 한다. 말을 긍정적으로 바꾸고 '할 수 없다'는 생각을 '할 수 있다'로 바꿔야 한다.

　미라클맵이 잘 이루어지게 하는 방법은 이루어졌을 때의 결과를 상상하는 것이다. 어떤 식으로든 꿈을 그리고 미라클맵을 만들면 우주는 그 꿈을 이루기 위해 모든 수단을 동원한다. 주문을 한 사람들은 이루어졌을 때 제일 먼저 하는 말이 '감사합니다.'일 것이다. 어떤 식으로 이루어지든 꿈을 이루게 해준 존재에 대해서 감사해 할 것이다. 그러니 이유 불문하고 먼저 미리 이루어진 데 대해서 감사하면, 미라클맵이 실행되는 데 걸리는 시간을 앞당겨 준다. 감사하는 행위 자체가 우주에게 꿈이 있는 곳으로 데려가 달라고 하는 것이다. '감사합니다.'를 5만 번 이야기 하거나, 자신의 나이에 곱하기 1만 번 이상 하면 기적이 일어난다는 말도 있다. 만약 지금 자신의 나이가 서른 살이면, 30만 번 감사를 하면 반드시 기적이 일어난다. 우주에 감사를 30만 번 주문을 했는데, 어떠한 기적이 오지 않으면 진리가 아니다. 감사하는 마음은 이 세상에 진리이다. 우리가 이미 가진 것에 대해서 감사하고, 앞으로 다가올 것에 대해 미리 감사하면, 반드시 기적은 일상이 될 것이다.

많은 사람들의 집단 무의식에 부정적인 암시가 많이 들어 있다. 그 암시를 정화시켜야 꿈이 잘 이루어지는데, 부정적인 암시를 청소하는 방법 또한 '감사하기'이다. 우주에는 기적을 부르는 말버릇이 있다. 말로 우주에 보이지 않는 송신관으로 미라클맵의 주문을 보내는데, 파이프관이 온통 부정적인 말로 채워져 있다면 이를 청소해야 한다. 이때 파이프관을 청소하는 가장 간단하고 쉬운 방법이 '감사합니다.'이다. 하지만 이 말을 평소에 의식하고 매일 쓰는 사람들에게는 익숙하지만, 그렇지 않은 사람들은 단어 자체를 떠올리기 쉽지 않다. 그래도 의식하면서 '감사합니다.'를 모든 순간에 외칠 수 있어야 한다. '감사합니다.'라는 말에는 몸과 마음에 쌓여 있던 부정적인 에너지를 긍정적인 에너지로 바꾸어 주는 힘이 있다.

인간의 의식은 한 번에 한가지 밖에 생각하지 못한다. 감사할 때에는 부정적인 생각을 할 수 없다. 오랜 세월 동안 부정적인 이미지로 생각했었다면, '감사합니다.'라는 말로 스스로 했던 부정적인 말을 하나씩 지워야 한다. 그때 우주는 내게 아군으로 바뀐다. 부정적인 말은 적군이다. 꿈을 이루지 못하게 하는 에고의 속삭임이다. 이 에고를 없애는 방법은 그 자리에서 바로 '감사합니다.'라고 말하는 것이다. 스스로에 대한 부정적인 말이 사라지고 그 자리에 잠재의식에 '감사합니다.'라는 말이 많이 쌓이면, 비로소 잠재의식과 현재의식이 일체화 되어, 우주는 모든 나의 꿈을 이루기 위한 든든한 지원군이 된다.

만약 꿈에 대해서 부정적인 생각을 가지면 그 꿈을 이루는데 시간이 많이 걸린다. 하지만 꿈에 대해 믿고, 그 꿈이 이루어질 것이라는 확신을 가지고, 이미 이루어진데 대해 감사한다면, 머지않아 미라클맵은 이루어질 것이다. 만사는 먼저 마음속에서 한 번 창조되고, 현실에 나타난다. 마음속에 이미 이루어진 미라클맵을 계속 이루어질 때까지 붙들고 놓지 않으면, 반드시 우주가 이루어준다. 의도적으로 미라클맵을 끝까지 그리고 떠올리고, 생각과 감정과 기대를 집중시키면, 반드시 우주가 꿈을 이루는데 필요한 모든 것을 다 제공해준다. 그때 행동하기만 하면 된다.

아군과 함께 일하는 것이 좋다. 적군인 부정적인 에너지와 싸우면 미라클맵이 중간에 어디로 사라질 수도 있다. 우주의 블랙홀에 떨어지는 것처럼. 그렇다고 너무 힘은 주지 않아도 된다. 마음속에 상상으로 자리 잡고 있으니, 누구에게 하소연 할 필요도 없다. 그저 조용하고 진정하게 자신이 만든 미라클맵의 '경험하고 싶은 현실이 나타났을 때'의 좋은 감정을 기분 좋게 느끼면 된다. 그때 모든 미라클맵이 이루어진다.

자연은 빈 공간을 싫어한다. 우주도 마찬가지다. 수많은 광활한 우주에는 우리의 미라클맵을 이루어줄 여러 방법이 존재한다.

언제든지 비우면 새로운 것이 채워지니 걱정하지 말자. 부정적인 생각을 꽉 움켜쥐고 있다가 그것을 놓아버리면 큰 일 날 것같이 습관이 된 사람들은 걱정하지 말자. 우주는 빈 공간이 생기면 다시 새로운 더 좋은 공간으로 채워준다. 생각을 비우고 그 자리에 더 좋은 생각으로 채우면 미라클맵은 행복한 느낌의 주파수와 같기 때문에 더 빨리 이루어진다. 우주의 주파수가 높은데, 현재 자신이 부정적인 생각으로 낮은 주파수에 있다면, 반드시 주파수를 어떤 방법을 써서든 올려야 한다.

주파수를 높이는 가장 빠른 방법은 산책이나 명상, 음악 감상, 독서, 운동, 여행 등이 좋다. 자신만의 방법을 찾아서 기분 좋은 감정을 계속해서 유지해야 한다. 어떤 방법이든 좋으니, 지금의 상황이 부정적인 감정에 처해있다면 바로 그 상황을 빠져나올 방법을 모색해야 한다. 미라클맵은 오직 지금의 주파수가 아주 행복한 상태에 있을 때 이루어진다. 에너지를 빼앗기거나 낮은 주파수에 있을 때에는 어떤 방법을 써서든 그 자리에서 빠져나와야 한다.

스트레스가 많은 상황에선 미라클맵이 힘을 발휘하지 못한다. 누구나 불필요한 것을 보거나, 하고 싶지 않은 일을 하거나, 또 보거나 하면 부정적인 상황에 몰입되어 마음이 흔들린다. 그럴 때에는 주변 환경과 일정한 거리를 두는 것이 좋다. 신경을 빼앗는 것에서 빠져나와 마음을 가볍고 행복하게 해준다.

의식의 95%인 잠재의식은 '이미지'로 이루어져 있다.

천재들은 잠재의식을 평범한 사람들보다 많이 써서 인류에게 큰 공헌을 했다. 대표적인 예로 파블로 피카소는 자신의 그림으로 잠재의식을 거의 다 끄집어냈다고 해도 과언이 아니다. 미술 세계는 이미지로 되어 있는데, 피카소 천재는 어떻게 잠재의식을 끄집어냈을까? 우리가 잠재의식을 끄집어내기만 하면 모든 소원들이 다 성취된다고 할 수 있다.

뇌에는 막대한 이미지로 저장된 기억용량이 있다. 잠재의식은 뇌에 영향을 받기 때문에 보통 '우리가 무의식중에 하는 행동'이라고 말한다. 피카소처럼 우리의 대부분의 행동은 이미 잠재의식에 각인된 과거, 현재, 미래의 이미지에 의해서 움직인다. 잠재의식에 자신에게 도움이 되는 미라클맵의 정보와 꿈의 실현에 관한 정보를 입력해야 한다. 그래야 필요할 때 잠재의식에서 이미지로 꺼내어 행동할 수 있다. 재능도, 운도 잠재의식에 입력된 데이터에 의해 좌우된다. 머리가 좋고 나쁨은 상관이 없다. 데이터를 얼마나 우수하게 입력하는가에 따라서 꿈이 이루어지고, 안 이루어지고의 차이가 있을 뿐이다.

미라클맵을 통해 입력된 이미지는 잠재의식에 단단히 새겨지고 연중무휴 24시간 활동한다. 미라클맵의 이미지는 자꾸만 반복해서 입력해야 잊혀지지 않는다. 잠재의식을 믿어서 미라클맵의 효과를 체험하고 나면 인생이 달라지고 운명이 달라진다. 마음속 이미지와 감정을 처리하는 잠재의식을 담당하는 우뇌는 1초에 1,000만 비트의 고속으로 정보를 처리한다. 반면에 언어와 논리를 담당하는 현재의식의 영역인 좌뇌는 매초 40비트 밖에 처리하지 못 한다. 그래서 잠재의식과 현재 의식이 충돌하면 잠재의식이 이긴다. 상상과 이성이 싸우면 반드시 상상이 승리한다. 뇌에서 처리하는 능력과 속도가 더 빠르기 때문이다. 그래서 미라클맵을 잠재의식에 계속 새기면, 그대로 운명이 흘러가게 되어 삶이 달라진다. 즉, 꿈이 이루어진다.

잠재의식은 인간의 거의 모든 행동의 원인이라고 해도 좋다. 95퍼센트가 잠재의식이고 현재의식이 5퍼센트이니, 우리는 잠재의식에 각인된 대로 살고 있는 것이다. 바다에 떠있는 빙산 아래에는 95퍼센트의 잠재의식이 가라앉아 있다. 수면 위에 떠 있는 보이는 부분인 5퍼센트의 현재의식은 아주 작은 부분에 속한다. 잠재의식에 미라클맵을 이용하면 어떤 것이라도 가능해진다. 미라클맵을 항상 내몸에 가지고 다니면, 현재의식과 비교도 안 될 정도의 좋은 아이디어가 나온다. 잠재의식은 말보다는 이미지에 더 잘 반응한다. 감정이 담긴 것에 더 잘 반응하는 우뇌에서 이를 조종한다. 자주 반복하면 할수록 이미지가 더 생생하게 현실에 나타날 것이다.

소설『갈매기의 꿈』을 쓴 리처드 바크는 작품 속의 주인공을 통해 꿈을 꾸면 반드시 이루어진다는 메시지를 전한다. 먹이를 먹기 위한 목적으로 비행하는 갈매기 무리가 아닌, 불가능한 것을 이루는 데 목적을 두는 조나단 리빙스턴의 꿈을 멋지게 썼다. 미라클맵을 따라서 행동하면 꿈이 이루어진다는 이 소설의 교훈은 잠재의식을 잘 표현하고 있다. 리처드 바크는『갈매기의 꿈』을 처음 자비 출판했을 때에는 주목을 받지 못했다. 책이 출간된 지, 9년 만에 캘리포니아 연안에 히피족들에게 읽히면서 세계적인 베스트셀러가 되었다. 리처드 바크는 자신의 책이 수많은 사람들에게 읽히길 바라면서, 그런 장면을 상상하는 것을 좋아했다. 잠재의식에 심은 그런 이미지는 리처드 바크를 배신하지 않았다.

프랑스 자기 암시요법의 창시자인 에밀 쿠에는 다음과 같이 말했다. "말과 상상력이 싸우면 반드시 상상력이 이긴다. 만약 말과 상상력이 합쳐지게 되면, 그 힘은 놀라운 결과를 일으킨다." 미라클맵은 단순히 상상만 하는 것이 아니라 말과 상상력과 행동을 같이 하는 것이기 때문에 효과가 있다. 상상만 하면 허공 속으로 사라질 것을 말로 표현하고 할 수 있다는 믿음을 심어주고, 자신감을 가지고 행동하면 이 세상 어떤 것이라도 다 이룰 수 있다.

『보물 지도』의 저자 모치즈키 도시타가는 기적 지도로 많은 것을 이루었다. 그는 사람들에게 강연을 하고 싶어서, 화술 학원의 팜플렛을 구해다가 수백 명 앞에서 강연을 하는 미라클맵을 만들었다. 잠재의식은 긴장이 풀렸을 때 더 잘 입력이 된다는 것을 알았다. 그래서 천장에 붙여놓고 자기 전에 한번, 일어나서도 한번 반복해서 보았다. 미라클맵이 이루어졌을 때의 행복한 기분에 젖어 행복하게 일어나고, 행복하게 자는 것을 반복하며, 잠재의식에 이미지로 각인시켰다. 그 결과 바라는 것보다 훨씬 더 좋은 결과가 나타났다. 세미나 강연과 강좌가 늘었고, 연간 150일 정도를 강연 스케줄로 꽉 채우며 행복하게 살고 있다.

　잠재의식에 이미지를 만들면, 이상적인 동반자와 더불어 올바른 비즈니스 파트너를 만나는 것과 동일한 효과가 있다. 잠재의식은 이미지로 반응하기에 미라클맵에 붙인 집을 사게 되고, 팔게 된다. 필요한 것을 모두 할 수 있는 풍요로움을 선사할 것이다. 자신의 마음이 바라는 대로 되고, 경제적인 자유를 제공한다. 잠재의식에 새긴 미라클맵의 이미지는 평화, 사랑, 행복, 올바른 행동, 선의, 번영이기 때문이다. 훌륭한 이미지를 잠재의식이라는 비옥한 토양에다 계속 심으면, 반드시 좋은 열매가 맺힌다. 잠재의식에 미라클맵으로 새겨놓은 이미지의 생각이 건설적이고, 조화롭고, 모든 사람들의 행복과 즐거움을 위한 것이라면 더 빨리 원하는 바가 이루어질 것이다. 잠재의식이 현재의식과 일치하여 마법과 같은 힘으로 조화로운 조건, 환경 등 최상의 것을 가져올 것이다. 모든 경험, 사건, 조건, 행위는 이미지에 반응한다는 것을 잊지 말자. 이제부터는 평화, 행복, 조화, 건강, 긍정, 올바른 생각, 번영, 풍요로운 삶의 이미지만 각인시키도록 해보자.

02

'미라클맵(MIRACLE MAP)'으로
꿈이 이루어지는 이유

초점을 맞추고 집중하면 이루어진다.

지금의 현실이 자신의 마음속에 있는 미라클맵이 다 끌어당
긴 것이라고 말한다면 믿을 수 있을까? 이 책을 만나기 위해 여
러분들은 지금까지 현실에서 그 많은 고민과 걱정과 불안과 초
조와 좌절을 겪었을 것이다. 이제는 진짜 기적을 만드는 미라클
맵이 있으니 안심하길 바란다. 지금 어떤 삶이 내게 오도록 미라
클맵에 요청을 하면, 원하는 삶을 받게 된다. 스스로 생각하고, 믿
고, 기대하면 현실이 된다. 그런데 많은 사람들이 자신이 진정으

로 좋아하는 것이 무엇인지 스스로에게 질문해본 적이 없다. 질문을 하고 답을 얻으려면 고요하고 평온한 시간이 필요하다. 하지만 대부분의 현대인들은 시끄러운 환경 속에서 하루를 분주하게 살아가고 있다. 따로 조용한 시간을 내어서 자신이 진정으로 원하는 것이 무엇인지를 자주 질문하지 않으면, 현실을 무작위로 창조하게 될 것이다.

미라클맵은 그런 무자각적 창조를 의식적인 창조로 바꾸어 준다. 잠재의식의 똑같은 생각의 반복에 따라서, 현실 지금 그대로 살기를 바라는가? 아니면 지금보다 더 풍요롭고, 행복하며, 자신의 꿈을 이루면서 살 것인가? 현실 속으로 미라클맵이 긍정적인 변화를 가져오기 위해서는 반드시 지금 일어나는 일이나 드러난 일들에 크게 개의치 말아야 한다. 보이지 않는 저 너머의 꿈이 반드시 이루어진다고 믿어야 한다. 보이지 않는 세계의 꿈이 잘 안 보여서 초점이 사라지기 때문에 미라클맵이 필요한 것이다.

과거의 일을 회상해보자. 당신은 어떤 기분이 드는가? 혹시 현재의 어떤 상황을 관찰하고 있는가? 과거와 현재에 관계없이 지금 초점을 맞추고 있는 생각이 자석에 의해 내면에 진동을 활성화시킨다. 만약 좋은 기분의 진동을 느낀다면 좋은 일이 생길 것이고 원하지 않는 일을 생각하고 있으면 원치 않는 감정들이 진동에 끌려온다. 원치 않는 것을 더 크게 생각할수록 진동의 전자기력이 더 커진다. 그러므로 원치 않는 일이 계속 더 오라는 주문자석이 되어 버린다. 그 상황을 바로 바꿀 수 있는 방법은 미라클맵을 바라보면서 기분 좋은 감정을 느끼는 것이다.

생각을 의도적으로 통제함으로써 자신이 원하는 대로 살 수 있다. 원하는 것만 그리는 미라클맵에 초점을 맞출 때, 삶의 모든 영역에서 소망이 이루어진 인생을 경험하기 시작할 것이다. 원치 않는 것만 초점을 맞추면 그와 비슷한 현실을 끌어당긴다. 더 많이 원치 않는 상황을 끌어당겨 종국에는 원치 않는 생각과 정확히 일치하는 현실을 창조할 수도 있다. 원치 않는 거대하고 강력한 것을 끌어들이지 않기 위해서 미라클맵을 만들어서 방향을 바꾸어야 한다.

미라클맵은 진정으로 바라는 이미지에 초점을 맞추기 때문에 어떤 주제나 대상에 긍정적인 감정을 느끼게 된다. 그러면 매우 빠르게 이미지에 있는 경험들이 우리들의 삶 속에 들어 올 것이다. 기분 나쁜 감정을 느끼면서 동시에 어떤 것에 대해 순수한 바람과 소망을 가지는 것은 불가능하다. 그러므로 대부분의 시간을 기분 좋은 감정으로 생활하는 쪽으로 이끌어준다. 순수한 소망을 담은 미라클맵은 잠재의식의 법칙에 따라 언제나 기분 좋은 감정을 동반해준다.

지금 어떤 처지나 상황이 되었든지, 어떤 존재의 상태인지 상관없이, 지금의 위치에서 어디로든 소망의 방향으로 데려가는 미라클맵에 초점을 맞추자. 현실에서 원하는 것을 얻기 위해서는 지금의 현 상황을 드러나 있는 상태로 보지 말고, 자신이 바라는 식으로 일들이 바뀌어 있는 기적 지도의 방향으로 바라본다. 기적이 있는 내면의 네비게이션, 미라클맵을 바라보면서 자신이 바라는 것이 이루어진 상태로 바라보자.

의식의 초점이 미라클맵에 집중되어 있는 것은 엄청난 힘이 있다. 자신이 하고 있는 생각들과 현재 행하고 있는 것들, 그리고 함께 보내는 사람들을 의도적으로 선택할 때 기적 이상의 성과를 낸다. 타이거 우즈의 아버지는 타이거 우즈가 6살 때부터 골프에서 승리하는 장면을 미라클맵으로 만들었다. "나는 매일 자기 전에 아버지가 긍정문들을 테이프로 틀어 들려주었습니다. 이런 행동이 저에게 성공에 초점을 맞추게 했고, 마음속에 부정성을 지우게 했습니다." 초등학교 2학년이 될 때까지 변변치 않았지만,

타이거 우즈는 계속해서 긍정적인 상상을 계속했다. 어떤 것도 자신을 방해하지 못하도록 마음의 초점을 골프공이 홀에 들어가는 장면에 맞추고 계속해서 상상했다.

· MISSION 3 · **긍정문 쓰기(타이거 우즈가 썼던 긍정문)**

나는 이기기 위해서 경기한다.

나는 확고한 결단력이 있다.

나는 장애물들을 만나도 웃음을 잃지 않는다.

내 의지가 태산도 움직일 것이다.

나는 내 안의 할 수 있다는 믿음이 있다.

나는 타인의 기대를 귀담아 듣지 않는다.

나는 내 삶을 내가 바라던 대로 살고 있다.

지금 충분히 잘하고 있더라도, 앞으로 더 잘 할 수 있다.

모든 것은 있는 그대로다.

나는 골프에 중독되었다.

내일이 위대한 것은 오늘보다 더 잘 할 수 있기 때문이다.

긍정문 쓰기(자신이 지금 하고 있는 일에 대해 쓰기)

_____

_____

_____

_____

_____

　미라클맵은 기적을 선물하는 효과가 있다. 잠재의식에 강하게 초점을 맞추게 하여 우리에게 기적 같은 일들이 일어나게 한다. 생애 처음으로 마라톤 풀코스 도전을 하기 5개월 전부터 나는 정성스럽고 구체적으로 미라클맵을 만들었다. 나는 그곳에다 '춘천 마라톤 풀코스 완주'라고 적어놓고, 아침저녁으로 매일 매일 상상했다. 내가 마라톤 대회에서 마지막에 피니시 라인을 통과하면서 감격하는 모습을 매일 상상하며 그렸었다. 그리고 하루도 빼놓지 않고 강도있는 훈련도 매일 실시했다. 나는 마침내 2018년 10월 '조선일보 춘천 마라톤 대회'에서 4시간 33분 만에 풀코스를 완주할 수 있었다.

　생애 한번만이라도 꼭 뛰고 싶다는 소망이 있었지만, 지금은 풀코스를 여러 번 뛰어도 괜찮을 정도로 체력이 좋아졌다. 자신이 간절하게 바라는 소망에 초점을 맞추고, 정성을 다해 구체적으로 미라클맵을 만들고, 생각과 말을 그대로 맞추면 안 이루어지는 꿈이 없다. 무슨 일이든 미라클맵을 만들면 어려움도 사라지는 강력한 힘이 생긴다. 당신은 지금 생각과 말의 초점을 어디에 두고 있는가?

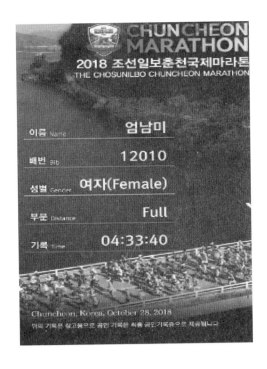

세상의 모든 것은 할 수 있다는 믿음으로 이루어져 있다.

어린 시절에 "너는 이 세상에서 뭐든지 할 수 있는 아이야.", "넌 정말 대단해!", "너는 앞으로 세상을 바꿀 수 있는 훌륭한 일을 해낼 거야.", "네가 하는 일은 무엇이든지 잘 될 거야.", "너의 능력을 이 세상에 마음껏 펼쳐 보거라."라는 말을 듣고 자랐다면 우리는 어땠을까? 우리에게 세상의 모든 것은 다 가능하고, 뭐든지 해도 된다는 믿음을 심어준 사람들이 있었다면, 지금 우리는 분명 크게 성공했을 것이다. 그러나 그럼에도 불구하고 괜찮다. 이제라도 믿음을 얻어서 뭐든지 해낼 수 있다고 믿으면 되니까.

세상을 변화시킨 큰 인물들도 처음부터 믿음이 강하진 않았다. 그들은 마음속에 항상 미라클맵이 있었다. 그래서 주위의 어떤 상황이 와도 꿈을 이룰 수 있다는 믿음 하나만으로 열정적으로 삶을 살았고, 결국 세상에 많은 것을 바꾸었다. 간결하고도 단호한 마음가짐과, 할 수 있다는 신념은 태산을 움직일 정도로 강력하다. 꿈을 이룰 수 있다는 삶에 대한 뚜렷한 믿음과 목적이 있다면, 우리는 두려울 것이 없을 것이다.

여러분은 자신에 대해 얼마나 많이 이해하고 있는가? 자신을 알아가기 위해서 얼마나 많은 노력을 하고 있는가? 자신이 진정으로 원하는 것이 무엇인지를 알고 있는가? 지나가는 사람들이 '당신이 진정으로 바라는 꿈은 무엇이고, 당신의 미래에 대한 비전은 무엇입니까?'라고 질문했을 때, 당신은 바로 3초 안에 대답할 수 있는가? 만약, 그렇게 대답할 수 있는 사람들은 평소에 자신에 대한 믿음과 미라클맵이 이루어지고 있는 사람들이다.

미라클맵을 만들어 항상 품고 다니는 사람들을 만나서 인터뷰를 하였다. "당신의 미라클맵에 대해 말씀해 주세요."라고 요청하면, 그들은 그 자리에서 30분 이상 자신의 미라클맵에 대해 생생하게 말로 표현하며 즐거워한다. 이런 분들은 이미 사회에서 큰 성취를 이룬 사람들이고, 자신이 할 수 있다는 믿음과 도전 정신이 강한 사람들이다.

하지만 미라클맵을 가지고 성공한 사람들도 처음부터 특별히 뛰어나지는 않았다. 이동진이라는 청년은 파일럿이 되는 미라클맵을 어린 시절부터 생생하게 그렸다. 그는 영어도 능숙하지 않았지만 할 수 있다는 믿음으로 미국에 가서 수많은 실패와 좌절을 이겨내고 결국 파일럿이 되었다. 그리고 자신의 이야기를 영화로까지 만들었다. 할 수 있다는 믿음 하나가 큰 꿈을 이루어 주었고, 더 큰 꿈을 끌어당겨 주었다.

나폴레옹도 처음부터 타고난 천재가 아니었다. 보잘것없는 가문에서 태어났고, 머리도 썩 좋지 않았었다. 제임 기간에 큰 실수들도 많이 저질렀었다. 학업 성적도 좋지 않았고, 육군사관학교 시험도 겨우 통과했다. 자신의 운명이나 능력에 대해 특별한 점도 없었다. 미래에 대해 절망도 가득했고, 죽고 싶다는 생각도 자주했다고 한다.

그러나 '내 사전에 불가능이란 없다.'라는 말로 유명한 나폴레옹은 30대 초반에 프랑스 황제로 등극해 유럽의 절반을 제패하고, 교육, 종교, 문화, 법률 등 오늘날 프랑스의 초석을 남긴 인물이 되었다.

헨리 포드도 지금의 자동차 산업을 크게 바꾸어 놓았지만, 그도 평범한 환경에서 태어나 기계 수리공 일을 배우고, 밤에는 보석 세공인 밑에서 일을 했다. 링컨도 가난한 개척 농부의 아들로 태어나 벽지의 학교를 다니긴 했으나, 그만둘 수밖에 없었고, 19세가 될 때까지 고된 농장 일을 했다.

세상을 바꾼 인물들도 처음부터 대단한 사람들은 아니었지만, 그들에게는 믿음이 있었다. '할 수 있다'는 믿음. 그들이 천재성이나 우수한 두뇌나 체력을 가진 것이 아니었지만, 모두 미라클맵을 갖고 있었다. 꾸준히 자신의 길을 걸으면서 미라클맵을 하나씩 이루면서 어느 날 사회적으로 두각을 드러내기 시작했을 때 자신들도 놀랐다.

위대하다고 세상이 칭송해주는 사람들도 처음에는 당신과 다를 바 없었다. 그들은 오히려 실패를 많이 경험하며 한 치 앞을 몰라서 방황도 했다. 이들 역시 위대한 사람들은 마법을 부려서 되는 것이라고 처음에는 생각했었을 것이다.

하지만 이들에게는 다른 사람들에게 흔히 없는 거대하고 구체적인 미라클맵이 마음속에 꿈틀거리고 있었다. 모든 능력, 지혜, 에너지를 다 써서, 믿음과 희망과 자신감과 끈질긴 인내로 미라클맵에 초점을 맞추었다. 아무것도 그들이 간절히 원하는 미라클맵에서 눈을 돌리게 하지 못했다. 끈질기게 완강히 꿈을 이루겠다고 생각하고, 끝까지 지도를 버리지 않는다면, 반드시 원하는 것을 얻는다는 교훈을 준다.

미라클맵을 이루겠다는 목적과 그에 대한 온전한 믿음은 아주 강한 성취를 이끌어 낸다. 다른 것들에 전혀 의식하지 않을 정도로 강렬하다. 인류가 홍수와 불을 겪으면서도 온갖 어려움을 극복하게 했던 힘처럼 자기 능력에 대한 전적인 확신과 믿음은 미라클맵을 이룰 수 있도록 신비한 힘을 만들어 낸다. 내면에 존재하는 '할 수 있다'라는 신비한 힘을 끌어내기 위해서는 믿음의 양을 늘려야 한다. 미라클맵을 이룰 수 있다는 분명한 확신과 믿음의 양을 늘려야 하는 것이다. 믿음은 오직 당신을 통해서만 실현된다. 다른 사람들은 믿음을 형성하는 데 도움을 줄 순 있어도, '할 수 있다'라고 믿고 실행할 수 있는 것은 오직 당신뿐이다.

미라클맵을 마음속에 품고 목적을 분명히 가진다면 실패와 좌절, 극심한 저항과 장애물, 역경 등을 이겨낼 수 있다. 이 강렬한 믿음은 어떠한 무관심이나 게으름, 적대적 행동에 맞서서 이겨낼 수 있는 원동력이 된다. 포기하는 마음을 가지면 어떤 것도 해낼 수 없다. 하지만 '할 수 있다'라는 믿음을 가지면, 반드시 꿈은 이루어진다. 미라클맵은 당신을 막연히 기다리고 있게 하지 않을 것이다. 끊임없이 주위의 환경과 자신의 몸의 세포를 움직여 기적처럼 꿈을 이루게 할 방법이 나타내게 할 것이다.

주위에 보면 어려운 환경 속에서도 꿈을 이룬 사람들이 많다. 그들은 어떤 장애물이 다가와 처음에는 주춤하여 두려워할지라도, 최종 목적지가 있기 때문에 끝까지 포기하지 않고, 어려움을 극복해 나가면서 장애물을 걷어내어 그들의 꿈을 이룬다. 그들은 결실을 맺을 때까지 쉽게 포기하지 않는다. 끝까지 늘어지고 인내하고 참을 수 있는 열정은 미라클맵만이 가진 특별하고 우수한 매력이다. 일단 당신이 미라클맵을 만드는 순간부터 '할 수 있을 것이다.'라는 믿음이 생기고, 그것을 이루어줄 주변의 환경들이 보이기 시작한다. 반드시 된다는 믿음은 밤이 지나면 아침에 해가 뜨는 것처럼 명백하다.

당신의 몸속에는 60조개의 세포가 있다. 이 세포가 모두 미라클맵의 이미지를 본다면 세포들은 전부 다 깨어날 것이다. 마음이라는 거대한 우주가 미라클맵을 향해 세계의 어떤 것이라도 움직여서 꿈을 이루게 만든다. 할 수 있다는 믿음과 확신은 그만큼 강력하다. 미라클맵을 붙잡고 끝까지 인내하면 반드시 당신의 꿈은 이루어진다.

정주영 회장은 "이봐! 해봤어?"라는 말로 기적을 이루었다. 무슨 일이든지 된다는 확신 90퍼센트와 반드시 되게 할 수 있다는 자신감 10퍼센트로 우리나라 경제를 살린 인물에게 불안은 단 1퍼센트도 없었다. 자신을 신뢰하고 믿는 믿음은 어떤 불가능도 가능하게 하는 힘이 있다. 꿈을 이루겠다는 간절한 믿음이 있다면 어떤 것도 당신을 망설이게 하지 못할 것이다.

당신의 온몸에 있는 60조개의 모든 세포를 움직일 정도로 믿음을 자극하자. 삶에서 좌절시키는 모든 조건을 부인하라. 과감히 부정성을 없애고 할 수 있다는 믿음을 가진다. 미라클맵이 당신 것이라고 믿고 눈앞에 항상 그리자. 확신을 가지고 간절히 바라고 이미 당신의 것이라고 믿어 의심치 않는다면 당신의 꿈은 반드시 이루어진다.

놀랍다. 믿으면 뇌는 현실로 착각을 한다.

밤에 깜깜한 산 둘레 길을 가는데 어디선가 이상한 소리가 들린다. 우리의 뇌는 모든 정보를 다 활용하여 자신을 보호할 방법을 찾는다. 실제로 동물도 나타나지 않았고, 다른 사람의 발자국 소리일 수도 있는데, 뇌는 모든 정보를 보호 태세로 갖춘다. 지금 일어나지도 않는 일에 대해서 실제로 일어나고 있다고 착각하고 믿으면, 그 두려움이 온 몸을 장악해 신체에 긴장하는 반응을 하게 한다.

우리의 뇌는 계속 진화해 왔다. 선사시대에 맹수에게 공격을 당하지 않는데도 여전히 불안과 두려움과 안전에 대해서 위협을 느껴왔다. 뇌에 자신을 보호하는 망상 활성화 시스템 RAS(Reticular Activating System)를 계속해서 작동시키고 있기 때문이다. 호랑이라는 이미지를 각인시키면 두려움, 무서움, 생명의 위협 등 곧바로 위험을 믿고 현실로 착각한다. 호랑이와 관련된 무서운 것들의 정보를 주변에서 모은다. 인상 쓰는 무서운 아저씨, 화내는 사람, 위협하는 소리, 사이렌 소리를 들으면서 두려워한다.

어린 아이들에게 부모가 어린 시절에 겁을 주기 위한 방법으로 "말을 안 들으면 호랑이가 잡아갈 거야"라는 말을 잠재의식에 심어놓는다. 어른이 되면서 의식이 자라나는데도 뇌는 호랑이처럼 무서운 사람들만 보면 실제로 두렵지 않은 사람임에도 불구하고 선입견을 갖는다. 뇌는 실제 상황과 상상을 구분하지 못하기 때문이다. 상상 그대로 입력하는 것이 바로 현실이라고 착각한다.

자신이 사고 싶었던 차를 이미지로 가지고 있으면, 그 차들이 주변에 많이 보인다. 뇌는 '저 차는 이미 나의 것'이라고 믿으면, 곧 갖게 될 것이라고 주변에 증거들을 많이 보이게 해준다. 뇌가 현실과 상상을 잘 구분하지 못하는 것이다. RAS가 실제로 그 차를 가져다 줄 테니 모든 수단과 방법을 동원하여 간절히 바라고 행동하라고 명령을 내리는 것이다. 이미 사고 싶은 차가 내 것이라고 여기고 그 차를 몰고 있으면서 행복해하는 모습을 미라클맵에 그리면 바라던 차가 나타난다.

레몬을 한번 상상해 본다. 그 느낌이 어떻게 느껴지는가? 실제 레몬이 입에 들어가지 않아도 레몬이란 이미지는 뇌에서 '시다'는 상상하게 하고 바로 명령을 내려서 침을 분비한다. 먹어 보지 않아도 이미 레몬이 느껴진다. '시다'는 이미지가 각인되어 있기에 뇌는 상상인지 실제 상황인지 구분을 못한다. RAS는 해부학에서 말하는 뇌간에서 뻗어 나온 신경 세포와 신경섬유 다발이다. 이 신경망은 뇌의 여러 영역으로 이어진다. GPS가 복잡한 길을 안내해주는 개념과 비슷하다. RAS에 어디로 가자고 입력하면, 생각이 같은 것들을 끌어당겨, 미라클맵의 방향대로 혹은 그보다 더 좋은 곳으로 데려 간다.

미라클맵이 이루어진다는 최종 결과를 상상하고, 정확히 목적지를 입력하면 이미지대로 이루어진다. 때로는 훨씬 더 좋은 방향으로 이루어진다. 긍정적인 의도를 미라클맵에 정확히 그리는 것이 중요하다. 무엇을 원하는지 세분화해서 또렷한 그림을 만들면 기적을 일으킬 수 있다. 일반적으로는 이미지가 있으니 구체적으로 세분화 하지 않을 때라도 보고 있으면 원하는 것들이 끌려온다. 간절히 믿고 바라는 것이 무엇이든지 그 이미지에 집중하게 되면, 대뇌 망상 활성화 시스템이 찾아줄 것이다.

뉴욕 타임즈에서 '시대의 보물'이라고 칭하는 리처드 폴 에반스도 RAS 대뇌 망상 활성화 시스템으로 베스트셀러 작가가 된 사람이다. 미국에서는 그에게 글쓰기와 코칭을 받으려고 사람들이 줄을 설 정도이다. 그러나 그도 처음부터 유명했던 것이 아니었다. 상상과 현실을 구분 못하는 믿음으로 미라클맵을 이루어냈다. 리처드 폴 에반스도 글을 써서 출판사에 투고를 했지만, 번번이 실패하여 여러 해가 지나도 출간이 안되었다. 그러나 간절하게 미라클맵을 그렸기 때문에 RAS가 미국에서 열리는 세계적인 베스트셀러 작가들의 사인회에 참석하라는 영감을 주었다. 자신이 먼저 자비로 책을 출판해서 그 책을 들고 기념회장에 갔다. 유명 작가들이 사인회를 하는 부스를 하나 차지하고 거기에 앉아 사람들에게 자신의 책에 사인을 해 주었다. 부스 관계자들이 와서 쫓아내려고 하자 "물 하고 주스 좀 가져다주세요."라고 당당하게 요구했다. 어이가 없었지만 너무나도 당당한 그의 태도에 출판 관계자들이 물을 가져다주었다고 한다. 그 후에 실제로 그

는 『크리스마스 상자』라는 책으로 뉴욕 타임즈 베스트셀러 작가
가 되었다.

뇌는 상상과 실제를 구분하지 못하고 믿으면, 그 모든 것을 다
움직여서 꿈을 이루게 한다.

2017년 마이클 싱어의 『될 일은 된다』라는 책을 우연히 동네
도서관에서 보게 되었다. 나는 그 자리에서 바로 책을 다 읽었
다. 미라클맵의 내용과 완전히 일치하는 삶을 살고 있는 작가를
책에서 봤다. 가슴이 설레었다. 당장 그를 만나야 했다. 어디에
있는지도 모르지만 갈 수 있을 것 같단 느낌을 뇌에서 강하게
받았다. RAS가 나에게 페이스 북에서 나온 미국 주소를 알려주
었고, 나는 곧바로 이메일을 보내고 책을 읽은 지 일주일 만에
미국 플로리다에 가서 마이클 싱어를 만났다. 강한 이끌림에 뇌
는 상상을 현실로 만들었고, 갈 수 있다는 믿음은 모든 환경을
가게 만들었다. RAS가 그와 관련된 모든 자료들을 찾게 해주었
고 마이클 싱어뿐만 아니라 더 좋은 사람들을 만날 수 있게 만
들었다.

나는 이미 뉴욕 타임즈 베스트셀러 작가가 된 마이클 싱어

가 오프라 윈프리와 인터뷰 하는 장면을 유튜브에서 들으면서, 그들이 하는 이야기를 마치 내게 하는 이야기처럼 듣고서 바로 실행에 옮겼다. 강한 마음을 가지고 '될 일은 진짜 된다'는 미라클맵의 GPS에 따라 그저 믿었다. 이미 그곳에 있는 느낌을 가지니 며칠 후 그곳에 가서 정말 신기한 체험들을 많이 하고 왔다. RAS는 우리가 상상하고 있는 것들이 현실이라고 생각한다. 플로리다에 갈 수 있는 비행기 표, 친절한 승무원들, 직원들, 숙소들, 에어비엔비, 렌터카, 호텔 등 모든 것을 다 미라클맵이 제공해 주었다.

상상은 자유다. 돈이 드는 것도 아니다. 그저 미라클맵을 마음에 그리고 이루어졌다고 믿으면 RAS가 여러분을 원하는 곳으로 데려갈 것이다. 뇌는 상상과 현실을 구분하지 못하고 그 둘이 똑같다고 느낀다. 상상이 현실이다. 꼭 기억하자. 의심 없이 믿으면 반드시 수일 내에 원하는 것들이 미라클맵의 법칙대로 그대로 끌어당겨질 것이다. 나는 확실히 안다. 모든 것을 기적 지도대로 이루고 있기 때문이다.

· MISSON 4 ·   **나의 생각 살펴보기**

지금 기분이 좋은가?

_____

지금 기분이 나쁜가?

_____

어제는 하루 종일 어떤 생각을 했는가?

_____

미래에 대해서 어떤 계획이 있는가?

_____

요즘 자신의 감정은 어떠한가?

_____

가슴 깊이 느껴지는 핵심 감정은 무엇인가?

_____

평소 내가 하고 있는 생각이 오늘의 나의 생각을 만든다.

이 질문에 대해서 대답을 할 수 있는 분들은 아주 삶을 잘 살고 있을 것이다. 왜냐하면 평소에 자신이 하는 생각이 현실을 창조한다는 것을 아는 사람일 것이니 반드시 생각에 주의를 기울이고 의식하면서 의도적으로 원하는 삶을 창조하려 노력할 것이다. 그래서 이 책을 지금 읽고 있지 않은가! 앞으로 이 책으로 인해서 여러분의 삶은 기적을 끌어당길 것이다.

양자물리학에서는 모든 물질을 잘게 나누고 나누면 그것을 에너지 덩어리라고 말한다. 생각도 마찬가지로 나누고 나누면 전부 에너지가 되고, 이 세상에 존재하는 모든 것은 보이지 않는 에너지라고 말 할 수 있다. 같은 생각은 같은 에너지를 끌어온다. 우주도 마찬가지로 에너지이므로 생각은 우주에 영향을 미친다. 실제로 양자물리학자들은 "생각이 우주에 영향을 미치며 우주를 변화시킨다고 말한다." 시크릿 영화에서 유명한 출연자, 조 비테일 박사는 자신의 집에 허리케인이 몰려오고 있을 때 자신의 이메일에 저장된 모든 사람들에게 허리케인이 사라지도록 기도를 부탁했다. 그랬더니 허리케인이 오다가 조 비테일 박사 집에 오기 전에 물러갔다. 생각이 재앙도 비켜가게 할 수 있다.

우주는 생각의 물질 에너지이기 때문에 강하게 상상하면 한 사람이라도 지구 전체를 바꿀 수 있다. 우리는 소우주이기 때문이다. 여기서 중요한 점은 의심 없이 믿어야 한다는 것이다. 생각에 다른 불순물이 섞이면 안 된다. 순수한 의식 그 자체가 되었을 때 모든 기적이 이루어진다.

우리가 기르는 식물도 사랑을 가득 보낸 식물들은 잘 자란다. 하지만 물도 잘 주고 비료도 잘 주고 가꾸었는데도 마음속에 식물에 대한 애정이 없다면 식물은 죽는다. 생각이 식물을 키운다. 텃밭을 가꾸고 싶어서 가평에다 땅을 사서 모종을 심고, 서울에서 일주일에 한번 씩 가서 물을 주고 잡초도 뽑아주고 사랑을 듬뿍 주었다. 생각을 오직 감사와 기쁨과 텃밭을 기르는 즐거움에 초점을 맞추니 나에게 유기농이라는 현실을 선물해주었다. 사랑과 정성의 생각으로 기른 만큼 수백 배의 수확으로 보답했다. 내 생각은 이미 이 식물들이 잘 자라서 행복하게 수확하는 모습에 초점이 갔다. 간절히 원한 텃밭을 상상한 기적 지도의 법칙에 따라 몸에도 좋은 먹거리를 주변 이웃과 나누는 현실도 창조했다.

생각은 자석이고 주파수가 있다. 어떤 생각을 하든지 그 생각은 우주로 전송되어 같은 주파수에 있는 것들을 끌어온다. 전송

된 것은 모조리 원점으로 오는데, 바로 여러분의 현실로 다가온다. 그러니 사람들에게 어떤 불평과 불만, 비난을 하여도 돌아오는 것은 바로 자신에게 온다. 어떤 현실을 창조하고 싶은지 스스로 그리지 않으면 무자각적 창조를 하게 될 것이다.

"삶을 사는 방식에는 오직 두 가지가 있다. 하나는 모든 것을 기적이라고 믿는 것, 그리고 다른 하나는 기적이 없다고 믿는 것이다."

_아인슈타인

나는 미라클맵을 40년 동안 만들었고, 그것을 매번 이루면서 기적을 체험했다. 그래서 모든 것을 기적이라고 믿는다. 이런 생각을 가지고 있으니 현실을 기적같이 끌어당긴다. 자신을 인간 송신탑이라고 생각하여 보자. 송신탑에서 모든 전기가 나오고 전류가 흐르고 세상을 밝혀주는 빛이 나온다. 자신의 생각도 송신탑이다. 여기서 송출하는 생각들은 현실에 그대로 반영되게 된다. 어떤 생각을 지금 내보내고 있는가? 모든 생각은 우주에서 송출되는 송전탑이다. 그것도 강력한 주파수다. 생각의 주파수는 국경과 이 세상 너머까지 전달된다. 요즘은 스마트폰과 호모 사피엔스를 결합하여 포노 사피엔스가 등장했다. 인류가 스마트폰으로 모든 것을 공유하는 시대가 와서 새로운 문명이 만들어진 것도 생각 때문이다.

마음에서 전송되는 생각은 이제 집의 거실이 아니라 내 손가락 안에서 다 볼 수 있다. 세상은 생각으로 인해 경계가 없는 현실을 만들었다. 미라클맵은 지금 이 순간을 충실히 살게 만든다. 경계는 원래 없었고, 우주가 하나로 다 연결되어 있었다. 문명이 발달하면서 생각이 진화해 계속해서 더 경계가 없는 현실을 만들지만, 지금 이 순간의 생각이 현실을 창조하는 것에는 동서고금을 막론하고 이의가 없다. 지금 이 순간이 기적이다. 기적은 결코 과거에 있지 않다. 그러므로 미라클맵을 만들면 지금 이 순간에 놓치고 있는 기적들을 생각으로 잡을 수 있을 것이다.

당신이 가장 많이 생각하는 것들을 우주는 가져다 줄 것이다. 이것을 알고 나면 무엇이든 미라클맵으로 바꿀 수 있다. 마음으로 미라클맵을 한번 창조한다면 무엇이든 손으로 쥐게 된다. 생각이 현실이 된다. 이 말을 계속해서 반복해서 잠재의식에 새긴다. 모든 삶의 경험들은 스스로 선택한 것이다. 자신이 원해서 이 삶을 선택했다. 사람들이 원하는 것을 얻지 못하는 유일한 이유는 생각이 현실을 창조한다는 것을 믿지 않기 때문이다. 원하지 않은 것을 더 많이 생각하고 있기 때문에 현실에서 바라는 것을 끌어당기지 않고 있다. 이제부터는 오직 원하는 것만을 끌어당기자.

자기암시적인 선언은 잠재의식을 바꾸기 때문에 꿈을 이루게 만든다

일본에서 한 우울증 연구가 있었다. 연구자는 의학박사로 우울증에 관한 연구를 해야 하기 때문에 본인이 먼저 우울증을 겪어 봐야겠다고 생각했다. 우울증 환자들이 하는 것처럼, 매일 고개를 숙이고 이런 마음의 지도를 그렸다. "나는 가망이 없다. 나는 우울하다. 나는 살기 싫다. 나는 죽겠다. 나는 어둡다. 나는 이 세상에 존재 가치가 없다" 등등 하루 종일 어두운 이미지를 떠올리고 계속해서 고개를 푹 숙이며 한 숨을 지었다. 그 결과 어떻게 되었을까? 진짜 우울증에 걸린 것이다. 뇌는 상상과 현실을 구분 못한다. 어두운 이미지가 실제로 현실이 되었다.

일본 의학박사가 우울증에 걸리기 위해서 한 일은 계속해서 자기에게 부정적인 암시를 준 것이다. 한 두 번 준 것이 아니라 걸릴 때까지 계속 반복했다. 잠재의식은 그것을 사실로 받아들여 실제로 현실에 나타나게 했다. 인간의 행동과 감정 상태를 바꾸는 것은 잠재의식이다. 이것은 실제로 속으로든지 밖으로든 말로 계속해서 되뇌면 이루어진다. 삶이 달라지지 않는다고 하는 분들은 자신이 평소에 속으로 하는 말을 떠올려보자. '할 수 있다'는 가능성에 초점을 맞추고 있는가? 아니면 계속해서 '안 된다'고

하면서 부정적인 자기 암시를 주고 있는가?

지금까지 '할 수 없다'고 어두운 이미지를 그린 분들은 이 책을 잘 만난 것이다. 이제는 미라클맵으로 그 이미지를 바꿀 수 있다. 지금이라도 늦지 않았다. 반드시 부정적인 이미지는 바뀔 수 있다. 부정적인 생각에 대해서 아무런 걱정을 하지 말자. 앞으로 제시하는 방법으로 여러분들은 잠재의식을 다시 바꿀 수 있다. 진짜 기적은 지금 여기에 있다. 새롭게 바꾸겠다고 마음먹은 순간, 우주는 잠재의식을 새롭게 쓴다. 잠재의식은 의식적인 마음보다 크다고 한다. 잠재의식에 새로운 미라클맵을 만들면 한 순간에 1,200만 비트의 정보를 바꿀 수 있다. 앞으로 당신은 잠재의식에서 밝은 빛을 보게 될 것이다.

우리는 의식적으로 자신이 삶을 조정하고 있다고 생각하지만 실제로는 그렇지 않다. 거의 무의식적 정보와 믿음, 데이터, 프로그램으로 움직이고 있다. 잠재의식에 과거의 부모님과 학교 선생님들, 사회와 종교로부터 '할 수 없다'는 제약의 말을 계속 주입받았을 경우에 당신은 미라클맵으로 모든 걸 바꿀 수 있다. 잠재의식에 미라클맵을 만들어 자신의 삶을 바꾼 예들은 이 세상에 수없이 많이 존재한다.

나의 잠재의식 바꾸기

(거울 속에 눈을 들여다보며 소리 내어 읽기)

나는 있는 그대로 괜찮은 사람이다.

나는 좋은 것을 받고, 누릴 자격이 충분히 있는 사람이다.

나는 나와 내 주변 사람들에게 정말 소중한 사람이다.

나는 남들과 다르게 특별한 존재이다.

나는 이런 나를 너무도 사랑한다.

혹시 지금 여러분이 힘들어하는 일이 있어도 다 괜찮다. 밤이 지나고 아침이 오면 태양이 뜨는 것처럼 모두 사라질 것이다. 이제 다시 희망을 가져도 좋다. 누구나 넘어지면서 많은 것을 배운다. 실패하고 넘어져도 다시 일어나고, 또 도전하고 '할 수 있다'는 수 천 번의 생각으로 당신의 삶을 기적으로 만들어야 한다. 도저히 이루기 힘든 꿈 앞에서 쉽게 좌절하는 내 모습을 보더라도 괜찮다. 미라클맵은 결국에 당신이 꿈꿔오던 목적지로 당신을 데려갈 것이다.

만약, 잠재의식에 '안 된다'는 생각이 너무 많아 새로운 생각이 잘 안 떠오를 때에는 미라클맵을 활용하여 잠재의식을 바꿀 수 있다. 잠재의식이 바뀌면 스스로를 더욱 더 자유롭게 할 수 있다. 우선 미라클맵을 만들어 내가 이루고 싶은 꿈을 계속 떠올리고, 내면과 외면의 대화를 '할 수 없다'에서 '할 수 있다'로 바꾸는 것이다. 미라클맵을 만드는 자체가 즐거운 일이기 때문에 만드는 순간부터 기분이 좋아질 수밖에 없다. 내면의 대화는 잠재의식을 강화시킨다. 그러므로 우리가 평소에 어떤 말을 잘 하는지 살펴보아야 한다. 내면 대화를 관찰하고 삶의 환경과 조건들이 내가 원하는 방향으로 일어나기를 원해야 한다. 소망이 이미 이루어진 모습을 자주 잠재의식에 상기시키고, 내면의 대화와 여러분이 바라는 소망이 일치되면 머지않아 꿈은 이루어진다. 내면의 대화는 모든 사건들을 불러낸다. 사실이라고 믿을 때 잠재의식은 활동하므로 창조적인 소리를 원하는 미라클맵으로 초점을 맞추자.

잠재의식의 대화를 의심하고 두려워하는 것으로 만들지 말아야 한다. 그런 시간은 이루고 싶은 목표가 다가오는 것을 막아 시간을 낭비하게 만든다. 내면의 대화가 미라클맵으로 인해 축복이 될 수 있도록 하자. 참된 자신과의 대화를 통해 꿈을 이루도록 한다. 지금의 제약이 큰 축복이 될 날이 올 것이니, 자신의 상상력을 현재 상태에서 떼어내어, 좀 더 높은 이상을 추구하자. 나를 둘러싼 세상에 모든 일이 나의 꿈을 이루기 위함이라고 믿고, 잠재의식에 되도록 좋은 것만 새기도록 해야 한다. 미라클맵은 우리의 행복한 삶을 사는 근본적인 이유가 될 것이다. 연습하고, 떠올리고, 상상하고 행동하면 된다.

잠재의식에 꿈이 이미 다 실현된 상태의 미라클맵의 이미지를 지속적으로 바라본다. 확실하고 뚜렷하게 그리지 않으면, 우리의 마음이 이리저리 방황할 수 있다. 그 방황하는 마음을 잠재의식에 확고히 잡아둘 수 있는 것이 바로 미라클맵이다. 마음이 방황할 때 부정적인 의견을 받아들이는 경향이 있으니, 이제부터는 미라클맵의 방향대로 꿈을 좇겠다고 결심하자. 잠재의식은 여러분을 확실하고 안전하게 그곳에 데리고 갈 것이다.

항상 마음속에 미라클맵을 떠올리면 잠재의식이 알아서 필요한 행동을 하게 해준다. 몸은 잠재의식이다. 몸을 움직여서 자주 운동하는 것도 잠재의식을 원하는 방향으로 바꿀 수 있는 좋은 방법이 된다. 당신의 머릿속에 '안 된다'라는 생각이 지배적이

라면, 잠시 하던 일을 멈추고, 짧은 시간이라도 산책하는 것을 권하고 싶다. 산책이나 운동을 하면서 생각이 다시 맑아지게 되면, 내가 만들었던 미라클맵을 떠올려 '할 수 있다'라는 믿음을 다시 한번 각인시키면 좋을 것이다. 반드시 여러분은 몸도 건강 해지고, 원하던 행복을 찾을 수 있을 것이다.

목표가 행동을 촉진하고 성과가 행동을 지속 시킨다

인간은 본질적으로 성장하고자 하는 욕구를 가지고 태어난다. 성공과 성취와 성장에 대한 욕구는 인간의 기본적인 욕구 중에 하나이다. 그래서 우리는 성공한 사람들을 보면서 그들의 성공 노하우를 배우려 한다. 인간은 기본적으로 풍요와 부와 건강과 행복에 대한 갈망이 있기 때문이다. 그것은 잘못된 것이 아니라 아주 올바른 것이다. 모든 사람들은 태어날 때부터 평등하게 행복 추구 권리를 부여받았다. 성장하면서 부의 격차가 생기는 이유는 우리에게 미라클맵이 있느냐? 없느냐?의 차이라고 생각한다.

성공한 사람들을 연구한 결과, 그들은 하나같이 살면서 꼭 이루고 싶은 매력적인 꿈의 기적 지도를 마음에 품고 있었다. 그들은 그 매력적인 꿈을 이루기 위해서 목표를 정하고 행동했다. 그들은 자신이 할 수 있는 것보다 더 크게 꿈을 키웠고, 미라클맵에 모든 생명력을 불어넣었고, 현실과 상상을 완전히 일치시켜서 꿈을 이룬다는 것이라는 걸 알 수 있다. 일반적으로 상상할 수 없을 정도의 매력적인 꿈은 남들이 하지 않는 비범한 방법으로 해야 가능한 것이다.

인생은 단 한번 뿐이다. 남이 여러분을 대신해서 살아주지는 않는다. 열정을 가지고 자신이 진정으로 바라는 것들을 미라클맵으로 만들자. 여러분에게 기회를 잡을 수 있도록 도와 줄 것이다. 이 책을 다 읽고 나면 여러분은 반드시 종이와 가위와 잡지와 펜과 풀을 가지고서 미라클맵을 만들 것이다. 여러분은 마침내 삶에 기적을 볼 것이다. 평범했던 그들은 매력적인 꿈을 가지고 미라클맵을 만들어 매일 훈련하고, 꾸준히 보고, 계획과 목표를 정해서 실천했을 뿐이다. 여러분이 기적 지도를 만드는 순간, 우주의 모든 기운이 여러분을 조금씩 행동하게 할 것이다.

목표가 없는 꿈은 단지 꿈일 뿐이다. 하지만 미라클맵이 있는 꿈은 반드시 목표를 설정하게 되어 있다. 경험상 미라클맵을 만들면 반드시 목표를 정해서 행동하게 되어 있다. 아니, 목표를 정하지 않아도 이미 나를 포함한 모든 것이 꿈의 방향으로 움직이고 있는 것을 발견하게 될 것이다. 지금까지 어떤 것을 해도 잘 안되고 작심삼일이 되어 자신을 의지 부족이라고 판단했던 사람들도 반드시 미라클맵이 의지를 실현으로 바꾸어 놓을 것이다. 여러분이 미라클맵을 만들어서 붙이고, 그 꿈과 관련해서 작은 행동을 하다보면, 주변에서 귀인들이 나타나 도움을 줄 것이다. 여기에는 꾸준함과 노력이 수반되지만 너무 애쓰지 않아도 편안한 마음으로 할 수 있다는 것이 미라클맵의 가장 큰 장점이다.

마라톤을 뛸 때 42.195킬로를 뛰어 피니시 라인에 들어가기 위해선 먼저 미라클맵을 만들어 자신이 완주 했을 때의 행복한 모습을 생생히 그려야 한다. 그리고 그 거리를 뛰어가기 위한 완주 목표를 위해 대회 날까지 6개월 목표, 3개월 목표, 한 달 목표, 일주일에 몇 번 달리기, 하루에 몇 분씩 뛸 것인지 구체적인 훈련 목표를 세울 필요가 있다. 하지만 시작은 간절히 그 거리를 뛰고자 하는 꿈이 먼저다. 그런 다음, 정말 하고 싶다는 마음이 들면 조금씩 계획을 세우고, 완주를 해서 행복해진 내 모습을 상상하고, 매일 조금씩 훈련을 꾸준히 하면 반드시 피니시 라인에 들어올 수 있다.

자기계발의 대가, 노만 빈센트 필 박사는 다음과 같이 말했다. "목표를 종이에 쓰고 자주 보이는 공간 6군데에 붙여 두라." 목표를 종이에 적어 놓기만 한 사람과 그것을 반복해서 보는 사람은 크게 다르다. 여러 번 반복해서 보는 사람들이 더 목표를 성취할 가능성이 크다. 그리고, 미라클맵에 목표까지 적어 넣은 종이를 본다면 10만 배 이상의 효과가 날 것이다. 앞에서도 이야기 했듯이 잠재의식은 이미지로 각인이 될 때 10만 배 정보 처리 능력이 생긴다고 했다. 그런데 이를 거듭 바라보면 효과가 기하급수적으로 늘 뿐만 아니라 잠재의식에서 이미 그렇게 되었다고 착각하게 만든다. 뇌는 현실과 상상을 구분할 수 없기 때문이다.

미라클맵을 만들어서 잠재의식 속에 자신이 진짜로 원하는 것을 찾아가다 보면, 생각지도 않은 놀라운 나의 능력을 발견하게 될 것이다. 자신이 상상한 대로 미라클맵의 이미지는 현실로 다가올 것이다. 자신의 가능성을 믿어도 된다. 이 세상에 두려운 것은 아무것도 없다. 모든 것이 다 좋게 변할 것이다. 세상이 발전하고 점점 더 나아지고 있듯이 인간은 더욱 더 성장하려는 욕구 때문에 변화 할 수밖에 없다. 미라클맵을 만들고 나면 자연스럽게 행동하고 싶어진다. 열정이 솟구치고, 의욕이 솟아나면서 아이디어가 번뜩이기도 한다. 엄청난 노력이나 애를 쓰지 않고서도 쉽게 기적이 일어나는 것을 보게 될 것이다.

나는 미라클맵을 여러 개 만들어서 많은 꿈을 이루었다. 8년 동안 근무한 고등학교 선생님 자리도 내려놓고, 내면의 목소리를 따랐다. 미라클맵에 따라 퇴직금으로 가평에 치유 센터를 짓고 싶어서 땅을 샀다. 계속 내 목표를 이루기 위해서 산에 있는 땅도 샀다. 이런 놀라운 일들은 내면의 GPS, 목적지, 미라클맵이 있기 때문에 모두 가능했다. 나는 미라클맵에 적어놓은 나의 꿈을 몇 년 전부터 생생하게 그렸다. 지금도 그 꿈을 이루기 위해서 계속해서 목표를 잘게 나누어서 상상하고 있다. 매일 매일 기분 좋은 감정을 느끼며, 행복하고 평화롭게 사는 것이 꿈을 이루는 열쇠가 된다.

유시민 작가는 "행복하게 살려는 목표가 있는 사람들은, 자연스럽게 자신과 잘 맞는 사람, 잘 통하는 사람, 사랑하는 사람들과 교감하게 됩니다."라고 말했다. 나와 맞지 않는 사람들은 점점 사라지고, 꿈을 이루어줄 수 있는 신호가 되는 좋은 인연들이 점점 나타난다. 그래서 우리는 더욱 더 행복해진다. 자신의 꿈의 방향대로 살 수 있으니 과정이 행복하고, 결과도 이루어지니 행복의 수레바퀴가 될 것이다.

지금 현실에서 부정적인 것을 더 많이 체험하는 사람들은 우선 미라클맵을 만드는 것을 목표로 잡는다. 그렇게 하면 반드시 작은 신호들이 전부 미라클맵과 관련되어 보일 것이다. 미라클맵을 함께 만든 나의 카페의 회원님들과 세미나에 참여한 모든 분들의 기적 같은 이야기의 사례가 많이 있다. 지금 당장은 거창한 목표가 아니어도 좋다. 할 수 있지만 의지나 여건이 부족하여 힘들었던 작은 목표로 시작하고 나면, 목표한 것보다 더 좋은 결과를 얻을 수 있기 때문에 만족감으로 정 주행 할 수 있을 것이다.

　　다른 사람들이 뭐라고 하든지 자신의 목표를 소중하게 간직한다. 자신의 목표가 조금 크더라도 상관없다. 성공했다고 알려진 사람들은 신념이 확고하여 남의 말에 잘 흔들리지 않는다. 자신의 꿈에 대해 신뢰와 확신이 있기 때문이다. 건강한 일상과 나의 꿈을 위해서 남의 말을 너무 의식하지 말고, 자신의 미라클맵을 따라 내면의 GPS를 켠다. 오프라 윈프리는 2013년 하버드 대학교 졸업 축하 연설에서 이런 말을 했다.

　　"인생에서 우리는 반드시 수렁에 빠질 때가 있다. 하지만 그런 수렁 속에서 잠시 숨고르기를 하고 다시 일어났더니 실패는 없었다. 실패나 실수는 '삶을 다른 방향으로 틀어라'라는 뜻이다. 수렁에 빠졌을 때 잠시 우울해져도 괜찮다. 모든 실수에서 인생을 배워라. 실수는 진정한 자아가 되는 법을 가르쳐서 진짜 자신이 되도록 촉구한다. 실패는 없고 오직 배움만 있을 뿐이다. 어떤 사람이 되고 싶은지, 왜 목표를 성취해야 하는지 자신의 삶의 목적에 대해서 생각해 보라. 살다보면 자신의 길에 대한 의심과 의문이 생길 것이다. 그러나 내면의 작은 나의 목소리를 들어라. 지금 보다 더 행복하고 더 성공할 것이다."

오프라 윈프리는 21년 동안 '오프라 윈프리 쇼'를 하면서 나름대로 편안한 성공을 누렸었다. 그러나 그녀는 새로운 목표가 생겨 진행하던 쇼를 그만두고 '오프라 윈프리 네트워크'를 창립했다. 하지만 모든 언론이 그녀의 사업이 크게 실패할 것이라고 했다. 오프라는 좌절도 하고 창피했지만 타인의 말을 크게 신경 쓰지 않고, 자신의 내면의 목소리 GPS와 미라클맵을 믿고 따랐다. 그 모든 역경을 다 이겨내고 그녀는 이렇게 멋진 말을 남겼다. "역경은 오래가지 않는다. 이 또한 지나간다."

우리는 하루에도 수십 번 고뇌하고 흔들린다. 머릿속에 맴도는 수만 가지 생각을 전부 미라클맵에 초점을 맞추다보면, 그 고뇌는 오래가지 않을 것이다. 자신만의 확고한 목표와 신념을 가지

길 바란다. 로마의 스토아파 철학자인 마르쿠스 아우렐리우스는 고통의 시작은 자신의 생각에서 시작된다고 했다. 하지만 자신의 신념이 견고하면 남들의 말은 더 작게 들릴 것이다.

『아주 작은 습관의 힘』저자 제임스 클리어는 고교시절 야구 유망주로 활약하다가 야구 배트에 얼굴을 맞아서 걸을 수도 없게 되었다. 그러나 절망하지 않고, 아주 작은 폭으로 걷고 있는 이미지를 찾아서 붙여놓고, 조금씩 움직이기로 마음먹었다. 그는 매일 매일 꾸준히 연습해서 마침내 걷게 되었다. 그는 큰 꿈을 상상하지 않았다. 아주 작은 움직임의 이미지를 떠올렸다. 제임스 클리어는 "아주 사소하고 별 것이 아닌 꿈이라도 몇 년 동안 꾸준히 해나가면 놀라운 성공이 나타난다."라고 말했다. 제임스 클리어는 미라클맵이 이루어지는 원인에 대해서 행동의 4가지 법칙이 있다고 설명한다. 제1법칙, 결심이 분명해야 한다. 제2법칙, 매력적이어야 한다. 제3법칙, 쉬워야 한다. 제4법칙, 만족해야 한다.

필자의 경우에도 이 4가지 원칙으로 많은 것을 이루었다. 주방에 있는 식탁 옆이나, 벽의 액자에다 마음을 움직이는 이미지를 만들어 걸어 놓았다. 거기에는 단순하게 생수 병의 이미지가 있다. 주방을 지날 때마다 의식하지 않아도 물을 하루에 2리터 이상 마시게 된다. 잠재의식에 물이라는 이미지가 작은 습관을 형성하게 해준다. 이 원리는 앞에서 말한 RAS 때문이다. 매일 건강하게 물을 마시게 해주는 생수 병 이미지는 잠재의식에 목이 마르지 않아도 물을 마시는 습관을 들이게 해주는 아주 좋은 방법이다.

일리노이대학에서 보고한 미라클맵 이미지에 대한 예를 살펴보자. 골 득점에 대한 능력 평가를 해서 각 그룹 별 결과를 기록했다. 첫째 그룹은 슈팅 연습을 하게하고, 두 번째 그룹은 어떠한 훈련도 시키지 않았다. 세 번째 그룹은 아무것도 안 하지만, 미라클맵을 만들어 체육관에서 연습하는 모습을 생생히 떠올리게 했다. 날마다 볼을 던져 득점하는 장면을 이미지로 떠올리게 하고, 기량이 더 올라가는 모습을 이미지로 보았다. 첫 번째 슈팅연습을 실제로 한 그룹과 세 번째 이미지만 보았던 그룹의 기량이 25% 이상 득점 향상되었다.

자신이 간절히 원하는 것, 간절히 갖고 싶고 이루고 싶은 소망은 멀리 있지 않다. 마음의 뜰 안에 진정으로 바라는 것만 입력하자. 이 작은 실천이 쌓이면 큰 성공이 될 것이다. 인간의 행동의 근원은 정신력에 있다고 할 수 있다. 미라클맵으로 원하는 것들에만 초점을 맞추면 반드시 여러분이 바라는 인생을 살게 해줄 것이다. 사람의 생각이 바뀌면 행동이 바뀌고, 행동이 바뀌면 습관이 바뀌고, 습관이 바뀌면 인격이 바뀌고, 인격이 바뀌면 운명이 바뀐다.

'이미 이루어졌다'고 생각하면 감정을 끌어당겨 이루어지게 만든다

잠시 여러분의 꿈이 이미 이루어진 상태를 상상해보자. 여러분은 돈이 많아서 어디든지 원하는 여행을 할 수 있고, 먹고 싶은 값비싼 음식도 다 먹을 수 있고, 사고 싶은 물건들도 제약 없이 다 살 수 있다. 또한 좋은 마음으로 어려운 사람들을 도울 수도 있다. 세상에 존재하는 수많은 좋은 것들을 보고, 모두 누리고 다 해볼 수 있는 기회를 놓치지 않는다. 삶이 날아갈 것같이 즐겁고 행복하다. 아침에 일어날 때 하루하루가 너무나도 설레어서 일어나는 것이 행복하고 즐겁다. 주변 사람들에게 인정을 받으며, 내가 좋아하는 일을 하면서 아주 건강하게 가족과 사랑하며 살고 있다. 미라클맵은 여러분에게 이런 이상적인 삶을 가능하게 해 준다.

이 세상을 움직이는 법칙이 있다. 생각, 감정, 이미지 그리고 상상이다. 이 네 가지가 모든 행동의 원인이고, 현실을 끌어당기는 창조의 원리다. 어떤 종교를 막론하고 기적이 일어나고, 똑같은 것을 믿어도 다른 결과가 나오는 것은 모든 개인의 생각, 감정, 이미지 그리고 상상이 다르기 때문이다. 만약 모든 사람들이 자신이 간절히 원하는 꿈을 미라클맵을 만들고, 그것을 항상 바라보며 생각하고, 이미지를 각인시키고, 그것에 생명력을 불어넣는 감정을 느낀다면 어떻게 세상은 바뀔까?

영화 〈시크릿〉의 주인공인 조 비테일 박사는 현실을 창조하는 상상과 미라클맵에 관련하여 이렇게 말했다. "여러분의 마음이 보고자 하는 소망으로 그것이 이미 이루어진 현실을 보십시오. 그것이 진짜로 사실인 것처럼 말입니다. 그리고 나서 여러분이 보고 있는 것이 사실인 것처럼 받아들이면서 고요히 밤에 잠에 드십시오. 한번 시도해 보십시오. 여러분이 생각으로 마음으로 지금 보았던 그 상태를 실제로 경험하게 되실 겁니다."

지금 현실에서 눈을 돌려서 이미 이루어진 자신의 미라클맵의 이미지를 보면서 계속 상상한다. 이루어졌을 때의 느낌을 강하게 느끼면 더욱 더 빨리 창조된다. 현실에 창조된 것들은 무시하고 바라는 것이 이미 이루어졌다고 느낄 수 있을 때 잠재의식은 그것을 사실로 받아들여 현실에 곧 나타나게 할 것이다. 무한한 창조력이 이 세상에 가득하다. 그것을 믿고 미라클맵을 만들고 보면서 기분 좋은 상상만 하자. 조 비테일 박사도 어마한 부를 누구나 다 만들어낼 수 있다고 했다. 상상력 안에서 부자가 된 모습을 미라클맵에 그리고 그것을 매일 상상하고 느끼기만 하면 모든 것이 현실로 이루어진다.

아놀드 슈왈제네거는 영화배우로서 가능성이 전혀 없어보였다. 그의 인지도가 너무 낮아 식당에서 밥을 먹을 때도 알아보는 사람들이 없었다. 어느 날 스티브 찬들러라는 칼럼리스트가 밥을 먹다가 "보디빌딩을 그만두고 이제는 무엇을 하고 먹고 살 것이냐?"라고 아놀드 슈왈제네거에게 물었다. 그러자 아놀드는 이렇게 대답했다. "할리우드에서 가장 유명한 배우가 될 거에요." 그는 영화배우로서 알아보는 사람이 거의 없을 정도로 인지도가 낮을 때에도 미라클맵을 만들어 자신의 꿈을 생생하게 그렸다. 그는 세계 최고의 성공을 거둔 사람이 되었고, 모든 것이 꿈을 이루는 기적지도로 성공할 수 있었다고 생각했다. 아놀드 슈왈제네거는 정치인이 되어 연설을 할 때에도 이렇게 말했다.

"여러분! 세상을 바꾸세요. 꿈을 열심히 그리세요. 정말 열심히 하세요. 자신의 꿈에 대해 반대하는 사람들을 그냥 무시하세요. 상상할 수 없을 정도로 아주 크게 생각하세요. 아주 열심히 하세요. 그게 다입니다. 아주 간단합니다. 꿈이 없으면 성공이라는 사다리를 오를 수 없습니다. 꿈을 향해 노력하는 고통 없이는 아무 것도 이룰 수 없습니다. 여러분이 어떤 분야에 있던지 상관없습니다. 꿈을 만들고, 그 꿈이 가라고 하는 대로 노력하세요. 여러분이 절대 실패하지 않기를 바랍니다. 그리고 정말 열심히 하세요. 크게 생각하세요. 절대로 작게 생각하지 마세요."

보이지 않은 것은 이미 존재한다. 인간의 의식을 구성하는 물질, 감정, 정신, 영혼의 4가지 세계에서 우리가 보는 것은 물질이지만, 보이지 않는 영혼계에서 이미 나타나 있는 기적들을 상상하기만 하면, 바라는 모든 것들을 끌어당길 수 있다. 미라클맵은 현실이고 실제 있는 물질세계다. 그것이 이미 내 앞에 있다고 상상하면 반드시 이루어진다. 여러분이 바라는 모습이 이미 되어 있다는 것을 상상하고, 사실로 받아들일 때 잠재의식은 그 어떤 것이라도 다 가능하게 한다. 잠재의식은 영혼계에 가깝다. 현재 의식을 잠재의식과 소통하게 하여 바라는 것을 이미지로 각인시키면 물질세계에 나타난다. 현재 놓인 현실이 어떠하든지 그대로 현실은 놓아두고 이미 풍요롭고 부유하다는 것을 사실로 받아들이자. 반드시 부유하고 풍요롭게 살 게 될 것이다.

러시아의 물리학자 바딤 젤란드도 『트랜서핑의 비밀』에서 꿈과 목표가 이미 실현된 것처럼 주의를 그곳에 고정시키라고 했다. 미라클맵을 만들고 모든 현실을 그곳에 맞추면 상상이 이미 현실로 다가오고 있는 것을 막을 수 없다. 상상이 현실로 드러나는 데에는 시간 차이가 있지만 반드시 올 것이니, 내 주변에서 일어나는 모든 사건에 대해 눈을 활짝 뜨고 있어야 한다고 했다. 만약 부정적인 생각이 들 때 그것을 뒤도 돌아보지 않는 인내심만 발휘한다면, 그 결과는 상상을 초월한다고 했다. 세상은 우리가 기대하는 것보다 훨씬 더 좋은 것을 가져다 줄 것이다. 우리에게 중요한 사실은 미라클맵으로 꿈이 현실로 이루어진다는 사실이다.

지난해 연말에 반짝반짝 빛나는 가짜 황금 지폐를 사서 미라클맵으로 만들고, 원하는 금액을 적어 벽에다 붙여 놓았다. 그 지폐를 붙인 후에 얼마 안 되서 기적처럼 그 돈이 들어왔다. 그저 순수한 마음으로 '그 돈이 있었으면 어떤 것을 할까?' 상상하면서 기분 좋은 감정만 느꼈을 뿐이다. 여러분도 순수한 마음으로 미라클맵을 믿고 한번 따라 해보면 생각지도 않았던 마법 같은 일들이 벌어질 것이다.

내가 어떤 생각을 하느냐에 따라 모든 것이 달라진다.

세상에 모든 사람들은 성공을 꿈꾼다. 우리 사회가 성공이라고 정해 놓은 것이 물질적인 기준인 것이지만, 그것만이 성공이라고 할 순 없다. 지금까지 살아서 숨 쉬고 있는 자체가 이미 성공이라고 생각한다. 자신을 가치 있는 존재로 생각하고, 언제나 어디에서 무엇을 하더라도 성공한 사람이라 상상하면 비교할 대상도 없이 행복하다.

미라클맵은 지금의 상황에서 바라는 이상을 더 크게 이루는 것을 뜻하기도 한다. 꿈을 이루면 수많은 사람들을 도울 수 있고, 영향력을 끼칠 수 있다. 사회에 도움이 되어 누군가에게 도움이 되기 위한 목적도 있다. 진정한 성공은 연줄이나 스펙, 집안이나 학력에 의한 것이 아니다. 성공의 비밀은 너무나도 자명하다. 자신이 어떤 생각을 가지고 있고, 지금 미라클맵을 만들고 있는가에 달려 있다. 지금의 처지와 상황과 부와는 전혀 관련이 없다.

여러분이 가진 '생각하는 힘'에 달려 있다. 이 힘은 지금 당장 누구나 사용할 수 있다. 돈이 드는 것은 아니지만 돈을 불러 오기도 한다.

의식적으로 생각을 미라클맵의 방향으로 통제하지 않으면 무자각적 창조를 하게 된다. 그 창조는 두려운 일들을 현실로 만들 수 있다. 의식적으로 생각을 제어하기 위해서는 미라클맵을 반드시 만들어야 한다. 그때 진정으로 성공한 삶을 살고 있다고, 타인이 아닌 자신이 스스로 인정하게 될 것이다. 자신감과 신념으로 가득 찬 사람과 두려움과 의심의 생각으로 가득 찬 사람의 미라클맵은 하늘과 땅 차이의 결과를 만들어 낸다. 자신의 희망을 실현하고 모든 꿈을 이루게 해주는 새로운 생각의 힘을 생성할 수 있는 미라클맵이 있다면 걱정할 것이 없다. 미라클맵 하나로 자신의 삶을 과거보다 더 원대하게, 더 크게, 더 풍요롭게, 더 고귀하게 만들 준비를 하자.

지금까지의 경험, 조건, 행위의 모든 결과는 미라클맵의 이미지의 반영 때문이다. 여러분은 이제 미라클맵을 만들어 마음속에 평화, 행복, 올바른 행동, 선의, 번영의 생각이 심어지기 시작할 것이다. 모든 것은 생각에 원인이 있으며, 생각이 조건의 결과가 된다. 심리학자들과 정신의학자들은 생각이 미라클맵에 투영되면, 그 이미지와 인상이 두뇌 세포에 만들어진다고 한다. 생각과 느낌이 연계하여 기억 해마의 네트워크에 의해 장기 기억, 단기 기억을 모두 동원하여 이루게 한다. 평생 모든 지식의 조각을 이용해 신경 세포 뉴런이 그것과 관련된 신호를 보내서 이루게 만들 것이다. 미라클맵은 꿈의 목적을 달성하기 위해 자연의 모든 힘과 법칙을 다 준비한다.

예를 들어 아들은 아버지가 대학 졸업선물로 차를 하나 선물해준다는 생각을 미라클맵으로 만들어 가지고 있다. 아직 아들은 졸업을 안 했기에 그 차가 없었지만 그 차가 있다는 생각만 해도 기쁘고 날아갈 것같이 좋다. 매우 감사한 기분이 들어 행복하다. 마치 실제로 자동차를 가진 것처럼 기분이 좋다. 아버지가 사준다고 약속을 했으니, 이미 받은 것이라고 생각을 굳건히 믿었다. 감사와 기쁨으로 충만한 상태에서는 주파수가 소원이 이루어진 상태와 진동이 같으니 더 강력한 에너지가 된다. 감사한 마음으로 평소보다 아버지에게 '감사합니다'라는 생각이 더욱 더 커다란 진동으로 내보낸다.

김승호 회장도 항상 생각을 끊임없이 자극해서 원하는 것을 얻는다. 그는 항상 모든 것에 감사하는 마음이 이미 몸에 배어있고, 상상하는 모든 것을 이미 얻은 것처럼 미라클맵을 만들고 목표를 적는다. 컴퓨터 암호와 이메일 주소의 암호도 전부 미라클맵의 목표로 활용한다. 예를 들어 목표가 '미국 전역에 300개 매장과 일주일에 매출 100만 달러'라면 이렇게 적는다. '300개매장주간매출백만불' 이렇게 적으면 신기하게도 생각의 끌어당김의 법칙에 의해 그 목표가 달성된다고 한다. 그는 원하는 모든 것을 미라클맵으로 만든다.

어떤 생각을 하고 삶의 방향에 초점을 맞추느냐에 따라서 현실이 완전히 달라진다. 앞으로 이야기 하게 될 미라클맵 만드는 방법을 따라하다 보면 여러분도 기적같이 바라는 꿈과 목표를 끌어당기게 될 것이다. 생각을 최대한 기쁜 쪽으로 초점을 맞추자. 미라클맵이 반응하는 진동은 감사와 기쁨과 행복에 반응한다. 여러분은 앞으로 기적을 계속해서 보게 될 것이다.

플라시보 노시보

살아생전에 풀코스 마라톤 42.195km를 꼭 달려보고 싶다는 소원이 있었다. 5km, 10km, 하프, 풀코스 순서로 목표를 잡을 수 있다. 마라톤 동호회를 들어가기 전에는 하프까지 혼자 뛰어 봤다. 풀코스는 대단한 사람들이 뛰는 것이라 믿었다. 42킬로 이상을 뛰는 건 서울 중심의 우리 집에서 가평까지 달려가는 먼 거리다. '어떻게 하지?' 라는 걱정이 들었지만, 목표를 꼭 이룰 수 있다는 방법이 있을 거라 믿었다. 그렇게 믿었더니, 주변 지인들이 풀코스에 대한 정보를 주었고, 동호회에 들어가면 도움이 된다고 말해 주었다.

마라톤 동호회에 들어가니 딴 세상이었다. 매주 훈련을 수십 킬로씩 하면서도 다들 힘들어 보이기보다는 아주 건강하게 보였다. '달리기가 이렇게 사람들에게 강인한 체력을 길러주는구나.'라고 생각이 들었다. 나도 할 수 있단 믿음을 가지고 함께 연습을 시작했다. 처음으로 하는 마라톤 풀코스 도전이기에 염려도 되어 "마라톤 풀코스를 뛰는 것 어렵지 않나요?" 선배들에게 물어봤더니, "아주 쉬워요. 여기서 연습만 하면 누구나 풀코스 완주해요". 라며 강한 믿음을 주었다. 나는 '연습을 하면 누구나 쉽게 뛸 수 있다'라고 믿었다. 나의 믿음은 계속 훈련을 하게 만들었고, 그 훈련의 결과 나는 마라톤 풀코스 완주의 평생소원을 쉽게 이루었다.

자신이 '할 수 있다'고 믿으면, 그건 진짜 '할 수 있다'는 일종의 자기 암시가 된다. 암시를 할 때에는 주변에서 부정적으로 하는 말을 듣지 말아야 한다. 오직 자신이 이루고자 하는 목표로 미라클맵의 목표를 떠올리면서 된다고 믿는다. 마라톤을 뛸 때 사람들이 힘이 들어 지치게 되는 구간이 있다. 그때 사람들은 '할 수 있다'고 큰 소리를 지른다. 스스로에게 믿음을 주는 것이다. '힘내자!'라고 크게 소리를 치면 우리의 무의식에 잠자고 있던 힘들이 깨어난다. 정신과 신체는 떼려야 뗄 수 없는 관계이기에 '힘내자'라고 스스로에게 다짐하면, 그 믿음의 생각이 신체에 반영된다. 미라클맵을 만들어 이미 풀코스 마라톤을 완주한 내 모습을 믿고, 피니시 라인의 감격스러운 모습을 자주 그렸다.

아무런 효과가 없는 설탕물을 약이라 하고 환자에게 주면서 이 약이 효과가 좋다고 하면 실제로 치유가 된다는 원리를 플라시보 효과(Placebo effect)라고 한다. 의사가 효과가 없는 가짜 혹은 치료법을 환자에게 제안한다. 환자는 긍정적인 믿음으로 인해 병세가 호전된다. '플라시보'라는 말은 '기쁨을 주다' 혹은 '즐겁게 하다'는 라틴어에서 유래되었다. 즐거움을 주는 믿음이 신체에 긍정적인 영향을 끼친다. 환자가 병원이나 의사를 더욱 더 신뢰하고 믿음이 클수록 효과가 더 잘 나타난다. 반대말로는 노시보 효과(Nocebo effect)는 진짜 약을 처방해도 그 약이 해롭다고 생각하거나 부정적인 믿음이 있으면 효과가 떨어진다는 말이다.

'성공'이란 추상적인 단어도 뇌에서 강하게 믿으면 성공이 찾아온다. 미라클맵을 만들어 성공을 뜻하는 이미지를 자주 들여다보면서 강하게 믿기만 하면 확신이 생긴다. 그 확신이 모든 소망을 이루게 하는 힘이 된다. 자기 전에 신념과 확신을 가지고 '성공'이라는 미라클맵을 보면서 마음속으로 성공하는 자신으로 암시를 건다. 플라시보 효과에 의해 자신의 신념, 인상, 확신의 믿음을 계속 유지하면, 결국 원하는 대로 모두 실현 된다.

여러분은 전부 자신의 삶을 경영하는 사업가라고 말할 수 있다. 가정생활이나 사회생활, 친구와의 관계, 경제적인 부분에 있어 모두 성공을 원하고 있다. 자신이 좋아하는 일을 하고, 원하는 것을 소유하고 있는 사업가의 이미지를 미라클맵에 붙이고 풍부한 상상력으로 자신이 성공해 있는 상상을 마음에 품자. 그것을 매일 습관화시키고, 스스로를 믿으면 그렇게 된다.

오스트레일리아에서 살고 있는 소년이 있었다. 병원에서 청소하고 창문을 닦고, 그밖에 자질구레한 일들을 했다. 부유한 친척도 없고, 경제적인 도움을 줄 만한 사람이 나타날 가능성도 전혀 없었다. 하지만 그 소년은 미라클맵의 힘을 믿고 있었다. 그 소년은 의사 면허증을 매일 밤 자기 전에 마음속에 그렸다. 그리고 자신이 진료실에서 의사 면허증을 닦으면서 흐뭇하게 미소를 짓는 모습을 마음속으로 생생하게 그렸다. 된다는 확신과 믿음으로 약 4개월 동안 매일 밤 끈기 있게 그렸더니 마침내 그 소년에게 기적이 일어났다.

그 병원에서 근무하던 한 의사가 소년의 성실함을 느껴 병원 조수로 임명했다. 또한 그 소년이 공부하는데 필요한 것들을 지원해주고, 대학에 입학하는데 모든 지원을 아끼지 않았다. 그 소년은 캐나다의 몬트리올에 자신의 진료실을 개업했다. 매일 자신의 이름이 적힌 의사 면허증을 보면서 미라클맵이 이루어진 데 대해 감사했다. 의사 면허증이 발급되어 나왔을 때 면허증을 보면서 무척 기뻐했다. 그 이유가 매일 밤 상상했던 의사면허증과 너무 똑같았기 때문이다.

나는 2018년에 5산 종주를 했다. 20시간 동안 불암산, 수락산, 사패산, 도봉산, 북한산을 밤에 잠을 안자고 다음 날까지 올랐다 내려와야 한다. 각 산마다 정상을 오르내리는 고된 도전이다. 2018년에 나는 죽기 전에 꼭 이루고 싶은 목표를 풀코스 마라톤 성공하기로 정했다. 목표가 생기니 모든 일이 그 목표를 위해 움직이기 시작했다. 강한 정신력과 체력을 기르기 위해 마라톤 동호회에서 주최한 오산 종주를 21시간 만에 해냈다. 풀코스를 성공하려면 오산 종주를 해내야 한다는 목표에 대한 믿음이 있었다. 할 수 있다는 생각과 풀코스 완주에 대한 강한 소망이 합쳐져 도전을 쉽게 해냈다.

2019년에 또 5산 종주 계획이 있었다. 하나의 목표를 달성하고 나니, 할 수 있다는 믿음이 강하게 생기지는 않았다. 이번에도 할 수 있겠지라는 안일한 마음으로 5산 종주를 신청했다. 할 수 있다는 믿음보다는 한번 해봤기 때문에 이번에는 어떻게 되어도 된다는 가벼운 마음이 스스로에게 암시가 되었다. 그 암시가 5산을 다 못 오르고 4산만 오르게 하는 부끄러운 결과를 만들었다.

부정적인 노시보 효과를 믿으면 자신의 평가의 노예가 되어, 적극적인 자세를 가질 수 없게 한다. 마음에 의욕이 생기고 어떤 일이라도 해내게 하려면, 자신에 대한 스스로의 평가를 먼저 긍정적으로 바꾸고, 긍정적인 암시를 걸어야 한다. 아무 근거 없는 터무니없는 믿음이라도 뇌는 현실로 착각하게 만든다.

우주의 주문 협력자

우리가 원하는 것이 있을 때 막연히 떠올리기만 한다면 어떻게 우주가 알아차리고 우리에게 원하는 것을 제대로 가져다줄까? 목표를 정할 때에는 반드시 막연하게 정하는 것이 아니라 구체적으로 정확히 정해야 한다. 우주가 혼동하지 않도록 미라클맵에 정확히 자신이 바라는 것을 구체적으로 제시해야 달성할 가능성이 높다.

당신이 지난날의 괴로움과 어려움에 집중하여 원하는 것을 가질 수 없다는 믿음을 가지면, 당신이 원하는 것은 더 이상 오지 않을 가능성이 높아진다. 미라클맵은 그 불필요하고 좋지 않은 믿음을 당신이 원하는 믿음으로 바꾸어 줄 수 있다. 원하는 것에 의도적으로 집중하게 해주는 미라클맵에 집중하고, 좋은 감정을 발산하면 우주는 그에 맞는 현실을 창조할 것이다. 당신에게 마법 같은 일들이 벌어질 것이다.

일본 대부호 사이토 히토리는 인생이 뜻한 대로 되지 않거나, 목표 했던 대학에 떨어지거나, 가고 싶었던 회사에 불합격했어도 "이 일로 더 좋아질 거야. 그래서 더 좋아질 거야. 이 일로 더 잘 될 수밖에 없어."라는 생각을 하게 되면 안 좋았던 일들도 교훈이 되어 더 좋게 바뀐다고 하였다. 좋지 않았던 마음이 상쾌해지고, 침착하고 냉정함을 되찾게 될 것이라고 하였다.

마크 알렌은 에크 하르트 톨레의 『지금 이 순간을 살아라』라는 책을 비롯해 많은 베스트셀러를 낸 'New World Library' 출판사 대표이다. 그는 백만장자가 되기 위해 목표를 구체적으로 설정하는 방법에 대해서 강조한다. 5년 후 자신의 이상적인 삶을 미라클맵에 그리라고 한다. 그리고 그것을 가슴 깊이 새기라고 한다. 그는 무일푼에서 미라클맵을 그려 불가능을 가능으로 만들었다. 사업이 어려울 때에도, 베스트셀러를 여러 권 집필하고, 아름다운 음악을 녹음했다고 상상하고, 제일 좋아하는 캘리포니아 주 언덕 위에 지은 흰색 집을 가졌다고 상상했다. 아주 멋진 인간관계를 맺는 상상도 빠뜨리지 않았다. 시간적으로 무척 여유롭고 성공한 사업과 화목한 가족, 친구와의 좋은 관계, 마르지 않는 창의력에 관한 구체적인 목표를 적어 5년 후 그대로 실현했다.

목표 설정에 관해서는 여러 가지 방법들이 있다. 가장 좋은 방법은 목표를 구체적으로 실현 시켜줄 조직적인 협력이다. 조직적인 협력은 하나의 목표를 향해 나아가는 사람들이 서로 조화를 이루면서 협력하는 모습을 말한다. 미라클맵은 협력할 사람들을 구체적으로 우주에서 보내준다. 명확한 목표를 정하는 것도 중요하지만, 목표를 달성하기 위해 모여든 사람들의 노력, 지식, 협조의 정신이 성공하는데 커다란 힘이 된다.

아무리 위대한 사람이라도 협력자와 목표를 함께 이루도록 도와주는 사람이 없으면, 쉽게 성공하거나 유지하기가 어렵다. 항상 조언을 구해 진심으로 도와주려는 친구가 있는 사람은 많은 이익을 얻을 수 있다. 협력자가 있다면 막대한 부를 이루기 위한 목표에 한 단계 더 올라서 있다고 볼 수 있다. 협력자인 친구는 항상 옆에서 말없이 있어도 도움이 되고, 마음도 통하여 편안하기까지 하다. 때론 예리하게 지적까지 해줄 수 있는 인생 최대의 협력자다. 옆에 있기만 해도 웃음이 나고, 편안하게 이야기할 수 있는 친구들만 있어도 성공한 인생이라고 할 수 있다.

핸리 포드는 아주 가난한 상태에서 세상 물정도 모르고 사업을 시작했다. 그리고 불과 10년 만에 핸디캡을 극복했다. 그가 미국의 대부호가 될 수 있던 것은 구체적인 목표를 함께 이루어줄 수 있는 친구가 있었다는 사실이다. 사람과 사람 사이에서 일어나는 마음의 교류가 얼마나 중요한지 알 수 있다. 핸리 포드가 눈부시게 발전한 시기가 토마스 에디슨과 친구가 된 그 무렵부터라는 사실만 봐도 구체적인 목표가 얼마나 중요한지 알 수 있는 부분이다. 목표를 세우고 협력자를 만나 친구가 된다면, 미라클맵은 완전한 효과를 발휘할 것이다.

'협력자 만들기'라는 미라클맵을 만들고, 구체적으로 어떤 사람들과 어떻게 협력을 하고 싶은지 적는다. 내가 이루고 싶은 꿈과 연관지어 그들에게 협력할 수 있는 일을 찾아 적는다. 그리고 내가 그들에게 협력 받을 수 있는 일도 적는다. 협력자와 좋은 관계를 지속적으로 유지하면서 그들과 함께 꿈을 이루어야 한다. 여러분이 바라는 꿈이 아주 큰 목표라면, 협력자의 도움이 꼭 필요할 것이다.

미라클맵을 만들어 사람들의 성공을 돕기 위해 카페를 만들었다. 카페에 자주 미라클맵을 만들어 올리면, 회원들도 함께 올리고 공유하게 된다. 공유하는 자체만으로도 서로 의지가 되고, 격려와 힘이 되는 경험을 했다. 무엇이든 혼자서 하는 것보다 여럿이 함께 협력해서 이루는 것이 더 빠르고 성공 가능성도 높아진다. 미라클맵을 만들어서 카페나 여러 사람들이 모여서 긍정적인 영향을 끼치는 모임에 공개하는 것은 나의 목표가 더 빠르게 이루어지는 것을 도와준다. 자신의 목표를 지지해줄 수 있는 좋은 협력자들과 적극적으로 교류하게 되면 반드시 미라클맵은 당신이 무엇을 상상하든 그 이상을 보여 줄 것이다.

Part 2

★

당신의 꿈을 이루어줄
미라클맵

미라클맵(MIRACLE MAP)을
만드는 방법

미라클맵을 만드는 7단계 공식

이제부터 본격적으로 미라클맵을 만들 것이다. 미라클맵을 만드는 과정은 총 7단계로 되어 있다.

1 미라클맵 공간
2 미라클맵 영역
3 미라클맵 제목
4 미라클맵 이미지
5 미라클맵 기한
6 미라클맵 긍정문
7 미라클맵 트레이닝

미라클맵을 만드는 첫 번째 과정은 공간이다. 사람들이 기존에 많이 활용하는 비전 보드, 보물 지도, 콜라주, 드림 북, 드림 스크랩, 드림 노트와는 완전히 차별화 되는 것이다. 미라클맵은 이미지로 표현되는 것이면 어떤 방식으로든 자유롭게 만들 수 있다. 지금까지 여러 가지 방법으로 만들어 본 결과, 책처럼 만들어서 휴대하고 다녀보니 가장 실용적이었다.

미라클맵은 만들기 아주 쉽다. 모든 이미지에는 소원을 이루는 10자 이내의 글자로 된 제목이 들어가는 것이 원칙이다. 10자이내로 된 소원을 이루어주는 말은 선택한 그 이미지가 꿈을 이루어지도록 우주에 정확히 주문을 넣는 주문서와 같다. 만약 이미지를 보는데 생각이 여러 군데로 갈라지면, 주문을 제대로 넣은 것인지 다시 확인 해봐야 한다. 제목은 마음속으로 자주 되뇌고, 이미지 위쪽에다 적어 놓아야 한다.

지금 여러분은 이 책을 읽으면서 꿈을 향해 나도 한번 도전해 볼까? 라는 마음이 생겼을 것이다. 이 기분 좋은 상태가 가장 최적의 상태이고, 이런 감정 상태로 만들게 되면, 우주로 좋은 느낌이 전달되어 더 높은 주파수와 진동을 방사하게 된다. 이미지를 선택할 때에는 눈에 잘 보이거나 마음속에 강렬한 뭔가를 움직이게 하는 것을 고르면 된다.

스타 강사 김창옥 교수는 레스토랑에서 모든 고객들이 볼 수 있도록 진열해 놓은 잡지를 보다가 마음에 드는 이미지가 있어서 양해도 구하지 않고 잡지를 뜯었다고 한다. 종업원이 "지금 뭐하시는 겁니까?"라고 지적을 받았었다고 한다.

로빈 샤르마는 미국에서 코카콜라, 나이키, NASA, Federal Express 기업 컨설턴트이자 코치로 활동하고 세계적으로 유명한 인사들의 멘토이다. 그는 이미 억만장자이고 큰 부를 이루었음에도 불구하고 여전히 미라클맵을 만든다. 그는 여전히 어디에서든 자신의 꿈과 열망이 가득한 그림을 발견하면, 그곳에서 잘라내어 자신의 것에 붙이고 저널을 써서 이미지를 설명한다고 한다.

꿈을 조금 더 효과적으로 이루기 위해서는 미라클맵이 항상 내 주변에 가까운 곳에 있어야 한다. 그래서 미라클맵을 책처럼 만들어 들고 다니는 것을 추천한다. 자기 전에 머리맡에 두고 읽고, 일어났을 때 읽으면 잠재의식에 각인이 잘 되기 때문에 아주 효과적이다. 미라클맵은 즐겁고 행복하게 만드는 것이 중요하다.

꿈이 이루어졌을 때의 느낌과 감정 상태를 떠올리면, 아마 자유롭고 아주 행복하고 평화로운 이미지가 떠오를 것이다. 그 상태의 이미지로 미라클맵을 만든다면 우주는 마치 오토바이 퀵처럼 더 빠른 시일 내에 꿈을 배달해 줄 것이다.

미라클맵의 두 번째 과정은 영역이다. 책의 형태로 만들 경우에 분류하여 견출지로 영역을 적는다.

· MISSION 6 · **미라클맵의 영역 나누어 쓰기**

1. 건강
2. 재테크
3. 자기계발
4. 인간관계
5. 봉사

〈자신의 미라클맵 영역 쓰기〉

1 _____

2 _____

3 _____

4 _____

5 _____

6 _____

7 _____

　각각의 영역을 정해서 견출지에 원하는 매수만큼 간격을 두고 붙인다. 우리 삶에서 가장 중요한 영역으로 성공한 삶을 살 수 있도록 나누어 쓰면 된다. 마치 책의 색인처럼 견출지에 붙이면, 꿈을 이루는 중요한 인생의 책이 될 것이다.

미라클맵의 세 번째 과정은 제목이다. 꿈을 이루고 싶은 주제를 10자 이내로 정리해서 제목으로 정하면 된다. 10자 이내로 하는 이유는 잠재의식이 각인할 수 있는 글자 수는 10자 이내이기 때문이다. 해마에서 단기 기억을 장기 기억으로 보낼 수 있는 글자 수는 외우기 쉬운 7자리 내외라고 한다. 예전에 전화번호가 적힌 노란색에 두꺼운 '전화번호부'라는 책을 본 적이 있는가? 휴대폰이 널리 사용되기 전에 각 가정에는 일반 전화기가 있었다. 전화번호는 모두 7자리였는데, 그 이유가 우리의 뇌가 3초 안에 단기기억을 저장할 수 있는 숫자가 일곱 자리이기 때문이라고 한다. 이렇게 단기기억에 저장해 놓은 숫자는 계속해서 반복하여 저장할수록 잘 기억이 되어 외우게 된다. 우리의 잠재의식도 마찬가지다. 기억하기 쉬운 말은 꺼내어 쓰려고 노력 안 해도 그냥 몇 초 만에 튀어나온다. '엄마, 밥 주세요', '나는 할 수 있어', '예쁘다', '똑똑하다', '졸리다' 이런 간단한 말들은 말하기만 해도 이미지가 생생하게 잘 떠오른다.

꿈을 이루게 하는 미라클맵의 글자 수는 10자 이내 이다. 만일 여러분이 이루어지기를 바라는 꿈의 모습을 10자 이내로 제목으로 작성하면, 단기기억이 장기기억으로 보내져 잠재의식 속에 각인될 것이다.

『보물 지도』의 작가 모치즈키 도시타가는 미라클맵의 제목을 이렇게 표현했다. '베스트 작가 보물지도' 이 제목을 잠재의식에 완전히 각인시켰고, 10자 이내로 글자 수를 적어서, 실제로 그가 출간한 책은 베스트셀러가 되었다.

『부의 법칙』을 쓴 미국의 목사 캐서린 폰더도 가난하게 미망인 시절을 보내던 중에 자신을 '경제적으로 풍요로운 자'라고 제목을 작성했다. 그녀는 마음속 미라클맵에 아주 강하게 각인시켰다. 그리고 자신이 가난할 때에도 이렇게 믿었다. "신이 나에게 풍성한 우주를 마련했다. 내가 부를 원한다면 그 믿음이야 말로 내가 바라는 모든 것을 이루는데 필요한 마음가짐이다." 자신이 없는 것에 집중하지 않고, 앞으로 바라는 모습을 미라클맵에 그리고, 그것을 간절히 상상하면서 노력했다.

프랑스의 자기암시 요법의 창시자 에밀 쿠에는 많은 환자들에게 이렇게 자기 암시를 하라고 시켰다. "나는 좋아지고 있다." 실제로 환자들은 병이 나아졌다. 잠재의식에 오직 기억하기 쉬운 제목의 말을 10자 이내로 외우게 했다. 이 말이 병을 고칠 정도의 효력이 있었고, 이런 마법적인 에밀 쿠의 언어암시 방법은 현재 재평가 받고 있다.

우리는 모두 자유롭게 사는 것 같지만, 생각의 감옥 속에 갇혀 살고 있다. 더구나 하루 종일 떠오르는 수많은 생각 중에 우리의 삶에 필요한 생각보다 불필요한 생각들을 더 많이 하고 있다. 그러나 만약 누군가가 대부분의 시간을 미라클맵과 그 제목을 떠올리는 사람이 있다면, 아마 그 사람은 이전의 삶과는 완전히 다른 성공적인 삶을 살게 될 것이라고 확신한다.

이시다 히사쓰구는 2005년 회사를 그만두고 수중에 있는 돈이라고는 30만원이 전부였다. 그러나 그는 단 넉 달 만에 월수입이 천만 원을 넘게 되었다. 그는 미라클맵에 이렇게 적었었다. '넉 달 만에 월수입 천만 원' 이시다는 이 방법이 어떤 성공한 사람이 가르쳐준 비법이라고 하면서 매일 미라클맵을 실천했다. 이렇게 간단한 제목 10글자가 소원을 이루게 하는 비법이 된다는 것을 아는 사람은 이미 성공한 것이나 마찬가지라고 할 수 있다. 그리고 미라클맵의 제목을 쓸 때에는 주의할 점이 있다. 부정어를 쓰지 말고 긍정문으로 작성해야 한다.

· MISSION 7 ·   긍정문으로 10자 이내 제목 쓰기

'아프지 않기를'   (X)

'지금보다 가난해지지 않기를'   (X)

'평생 독신으로 살지 않기를'   (X)

'외롭지 않기를'   (X)

제목에 부정어가 들어가면 우주는 집중하는 대상을 적극적으로 끌어당기기 때문에 '아프다', '가난하다', '외롭다'라는 집중 단어의 이미지를 계속 실현시킨다. 바라는 것을 원해야지 원치 않는 것을 떠올리면 전부 원치 않는 것이 올 것이다.

미라클맵의 제목은 사람들의 잠재의식에 침투하여 사람들을 변화시킨다. 신념과 같은 긍정적인 자극은 사람들을 행복하게 만든다. 나태와 비판, 부정, 불평 같은 자극은 불행을 초래한다. 잠재의식은 긍정적이고 건설적인 생각도 이루게 하지만, 부정적이고 파괴적인 사고에도 반응한다. 그러므로 우리는 미라클맵의 제목을 오직 긍정문으로 해서 10자 이내로 요약하여 잠재의식에 새긴다. 사람들은 실패나 가난한 아픔을 숙명이라고 생각하고 어쩔 수 없다고 단념하는 경향이 있다. 이런 사람들에게 미라클맵은 인생을 구할 수 있는 기적이 될 수도 있다. 부정적인 사고를 하지 말고, 이제부터라도 잠재의식에 긍정의 꿈을 이룬 상태의 제목을 넣어 미라클맵을 만들도록 하자.

이제부터 자신의 꿈을 이룬 이미지를 설명하는 10자의 제목을 떠올린다. 소망을 이룬 자신의 모습을 생생하게 미라클맵으로 만들어 두고 잠재의식에 넘기면, 그 신념이 어느 사이엔가 소망을 현실로 이루어준다. 반드시. 지금 당장 해야 할 일은 지금 자신의 꿈을 이룬 모습을 10자 이내로 적어 보는 것이다.

미라클맵의 네 번째 과정은 이미지이다. 이미지는 꿈을 이루고 싶은 제목과 관련된 것이어야 한다. 가장 중요한 것은 그 꿈이 이미 이루어진 걸 보여주는 이미지여야 한다는 것이다. 예를 들어 미라클맵의 제목이 '10년 안에 내 집 마련'이라면, 당신이 이미 집을 사서, 그 집에서 행복하게 웃고 있는 모습의 비슷한 이미지를 찾아서 붙이면 된다.

지하철을 타고 가다가 광고를 쳐다보는데, 문득 그 광고의 문구가 마음속에 깊이 와 닿은 적이 있을 것이다. 혹은 TV나 영화를 보는데 이미지와 영상, 문구들이 가슴에 박혀 설레는 경험을 한 적이 있을 것이다. 그런 설렘은 자신이 간절히 소망하는 것들이다. 마음속에 뭔가를 움직여 느낌을 자아내는 것들은 내면의 이야기들과 일치한다.

미라클맵을 만드는 방법은 형식이 없이 자유롭게 어디든 만들 수 있다는 것이 장점이다. 기억하기 쉽고 자주 볼 수 있는 곳 어디에나 미라클맵을 만들어 붙일 수 있다. 예를 들어 자신의 방에 벽 한 면을 다 쓴다든지, 방문, 현관, 천장, 창문, 스케치북, 책, 가구 등 어디에나 붙여도 된다. 잠재의식은 우리가 모르는 사이에 작동한다. 그 모르는 사이에 이미지가 더 잘 각인되기 때문에 무심코 스쳐지나가는 곳에다 붙이면 더 효과가 좋다. 우주에는 무한한 가능성이 있으니 꼭 어디에만 붙여 놓고 '이렇게 해야 한다'는 법칙은 가능성들을 제한한다.

미라클맵을 만들기도 전에 내면에서 '이런다고 뭐가 되겠어?'라는 부정적인 소리가 들릴 수 도 있다. 하지만 일단 미라클맵을 만들기만 하면 우주는 나에게 무한한 가능성을 보여 줄 것이다.

너무 사소하거나 엉뚱한 것이라도 상관없다. 내면의 꿈이 겉으로 표현되는 것이 미라클맵이기 때문에 어떤 것이라도 다 이루어 주는 발판이 될 것이다. 지금 생각나는 소원을 10자 이내로 적어 보자.

· MISSION 8 · **소원 10자 이내로 쓰기**

내 미라클맵의 첫번째 소원은_____이다.

내 미라클맵의 두번째 소원은_____이다.

내 미라클맵의 세번째 소원은_____이다.

내 미라클맵의 네번째 소원은 _____이다.

내 미라클맵의 다섯번째 소원은_____이다.

내 미라클맵의 여섯번째 소원은_____이다.

내 미라클맵의 일곱번째 소원은_____이다.

내 미라클맵의 여덟번째 소원은_____이다.

내 미라클맵의 아홉번째 소원은_____이다.

내 미라클맵의 열번째 소원은_____이다.

우리 내면에는 항상 두 가지 자아가 존재한다. 하나는 '너는 무엇이든 할 수 있다.'라고 믿는 긍정적인 자아와 '나는 아무것도 할 수 없다.'라는 말만 가득하는 부정적인 자아가 동시에 존재한다. 잠재의식에서 내뱉는 말들에 가끔씩 깜짝 놀랄 수 있다. '지금 나에겐 아무것도 없잖아.', '다른 걸 할 시간이 없잖아.', '난 돈이 없잖아.' 등의 부정적인 어두운 자아의 소리는 무시해도 된다. 미라클맵은 기적이 이미 일어났다고 가정한 상태에서 만드는 것이 가장 중요하기 때문에 그 어떤 가능성을 제한하거나 방훼하는 소리들이 작동되고 있다면 철저히 무시해야 한다.

10가지 소원을 모두 적었다면, 이제 그 소원에 맞는 이미지를 찾아서 내 주변에 적당한 곳이나 준비한 미라클북에 붙인다. 그중에서 올 해 안에 가장 먼저 이루고 싶은 것을 첫 번째에 두는 방식으로 우선순위를 두고 붙인다. 그리고 맨 끝 부분에 다음과 같은 말을 써 넣는다면, 기적을 조금 더 빠르게 끌어당길 수 있다.

편안하고 여유롭게 건강하고 긍정적인 방식으로
모든 사람들의 선을 위해 조화롭고 만족스럽게!

친한 지인이 작가가 되고 싶어 했다. 그런데 언제부터인가 그녀는 글을 남들에게 잘 보여주지 않고 꽁꽁 숨겨두었다. 다른 사람들이 자신이 쓴 글을 비웃을까봐 두려워했다. 그 이유를 들어보니 어린 시절 선생님에게 일기를 보여주었는데, 돌아오는 말들이 전부 부정적인 말들이었다고 한다. 심한 꾸중을 들으며 부정적인 말을 들어왔던 터라 자신의 글을 형편없게 생각했다. 아무리 사람들이 그녀가 쓴 글을 칭찬해도 상처가 아물지 않았다. 잠재의식에 심어둔 부정적인 말이 "너의 글은 형편없어! 넌 재능이 없어! 지금 그걸 글이라고 쓰니?!"라고 계속 속삭였다고 한다. 그러나 다행인건 그녀가 미라클맵을 만들며 자신을 긍정하는 것이 중요하다는 것을 알게 되었고 그 이후부터 그녀는 미라클맵에 이렇게 적었다고 한다.

· MISSION 9 · **부정적인 생각을 긍정적인 생각으로 바꾸기**

"너의 글은 형편없어!"
→ "나는 진실로 글 쓰는 것이 재미있다."

"그런 글을 누가 좋아 하겠니?!"
→ "나는 사람들의 긍정적인 반응을 믿고 즐긴다."

"넌 재능이 없어!"

→ "나는 진짜 글 쓰는 재능이 있다."

부정적인 생각	→	긍정적인 생각

10년 동안 마음 깊은 곳에 숨겨둔 자신의 괴물과 마주하고 난 후에, 글을 세상에 내 놓고 좋은 반응을 얻었다. 그 시작은 미라클맵에 자신이 이루고 싶은 사진을 붙인 이후 부터였다. 그 이미지는 행복해 하는 어느 작가의 사진과 자신이 환하게 웃는 모습이었다. 그 이미지를 붙여 놓으면서부터 기적이 이루어졌다. 미라클맵은 자신이 원했던 소원 그대로 혹은 그것보다 더 좋은 결과를 가져온다.

미국에 세계적인 화장품 기업 창업주인 에스터 로더는 넉넉하지 않은 형편에서 화장품을 만들어 조그만 가게를 운영했다. 그녀는 부자들이 가는 미용실로 가서 자신이 만든 화장품을 홍보하려고 노력했다. 지금은 화장품 업계의 거장, 세일즈의 귀재라고 불리지만, 처음 사업을 시작했을 때에는 수많은 난관이 있었다. 하루는 고급 미용실에 가서 어떤 부유한 손님이 입은 블라우스를 칭찬하며 가격을 물어 봤다. 그 손님은 "너 같은 가난뱅이가 이런 블라우스를 살 수 있을 것 같아?"라면서 비아냥거렸다. 그 후에 에스티 로더는 다시는 자신에게 가난하다는 소리를 하는 사람이 없도록 큰 부자가 되겠다고 결심했다. 그 이후에 그녀는 매일 수천 번씩 부자가 된 자신의 모습을 미라클맵에 그렸다. 그녀는 업계 최초로 무료 샘플과 고급 매장 전략으로 고객을 확보하면서 세계적인 화장품 회사로 성장시켰다. 그리고 1998년 미국의 시사 주간지 〈타임〉의 "20세기의 가장 영향력 있는 천재 경영인 20명" 가운데 한 명으로 선정되기도 하였다.

〈벽에 붙인 다양한 미라클맵〉

미라클맵을 만드는 다섯 번째 과정은 기한이다. 회사에서 직장 후배에게 보고서를 제출하라고 했는데, 만약 보고서를 끝내는 기한을 주지 않는다면 언제쯤 그 보고서는 만들어지고, 또 언제쯤 받을 수 있을까?

또 은행에서 고객들에게 돈을 대출해 주었는데, 원금을 갚아야 할 만기일자가 없다면, 그들은 과연 돈을 갚을 생각이 있을까? 미라클맵을 만들기 위해 제목과 이미지를 만들기만 하고, 무작정 '언젠가 되겠지'라고 생각하는 것보다, 구체적으로 언제까지 이루어졌으면 좋겠다는 마감 시간을 정하는 것이 더 효과적이다. 그렇게 기한을 정해 놓으면 사람들은 할 수 있는 최소한의 행동을 시작하기 때문이다.

어느 교수가 학생이 보고서 제출하는 것을 자꾸 미루어서 "자네 언제까지 보고서를 쓸 것인가?"라고 물었다. 학생은 교수님께 "오늘 저녁 7시 30분까지 제출 하겠습니다"라고 바로 대답했다. 시간을 정하지 않고 무작정 쓰기를 미루던 학생도 교수님이' 언제까지'라고 물어보자 바로 구체적인 마감 시간을 정하고, 그 자리에서 쓰기 시작해 정확히 보고서를 제출했다. 사람들의 행동을 이끄는 동기는 마감 시간이 있기 때문이다. 우리의 미라클맵이 소중한 것은 인간에게 무한정 시간이 주어지지 않기 때문이다.

모든 일은 다 때가 있다. 또 간절한 꿈일수록 마음속에서 신속히 이루고 싶은 바램이 있을 것이다. 그런 꿈들은 가까운 시일 내에 이루어질 수 도 있도록 꿈의 기한을 너무 길게 잡지 말아야 한다

우선 100일 정도 후에 이루고 싶은 미라클맵을 만들면 좋다. 100일은 새로운 뭔가가 탄생하는 날이다. 옛날부터 아기가 태어나서 100일을 잘 견디면 잘 살아갈 수 있다고 어른들이 믿었던 것처럼 100일이란 숫자는 기존의 피와 살이 새로운 피와 살로 바뀌어 치료 효과가 나타나는 시간이다. 우리 몸은 자연치유 기능이 있어 웬만한 상처는 100일이 지나면 다 아물게 되어 있다. 일단 처음 미라클맵을 만드는 분들은 100일을 마감시간으로 정해보는 것도 좋은 선택이 될 것이다.

예를 들어 100일 안에 외국어 독학을 한다고 생각해 보자. 준비되어 있는 '미라클북'에 '외국인 친구가 생겼다'라고 제목을 정하고, 멋지거나 예쁜 외국인과 마주보고 환하게 웃는 이미지를 찾는다. 그리고 그 이미지 아래에 긍정문을 적는다. "난 역시 외국어에 소질이 있었어.", "외국어가 되니까 여행하기 너무 좋다." 그 다음에는 100일의 간격을 두어 '2020년 3월 31일'이라고 기한을 적어 놓는다. 여러분은 이제 100일이 지난 후에 외국인 친

구가 생기거나, 외국인과 연인 사이가 될 수도 있을 것이다.

20대에 취업을 준비하고 있는 젊은이가 있었다. 그 젊은이는 취직을 하고 싶은 병원이 있었다. 그래서 그는 미라클맵을 만들어 그 병원에 반드시 몇 월 며칠에 취직을 하겠다고 마음속으로 생각했다. 그리고 취직이 된 것처럼 구체적으로 상상하고 싶어서 그 직장에 가서 병원 관계자들과 대화를 하고 행동을 취했다. 정확히 바라는 위치와 날짜도 정하고, 기한도 정했다. 하지만 서울 지점에 있는 병원에는 합격하지 못했다. 그래서 낙심하고 공무원 시험을 준비하고 있었는데, 어느 날 인천에 있는 같은 회사의 병원에서 전화가 왔다. 서울에 있는 병원보다 더 좋은 조건으로 취업을 해서 현재 행복하게 직장 생활을 하고 있다. 미라클맵에 조건과 기한을 써 놓고, 어떤 행동이라도 하면, 우주의 법칙에 따라 최상의 행복을 현실에 나타나게 해준다.

2004년 1월에 미국 샌디에고는 주택 건설 붐이 최고조였다. 캘리포니아에서 살던 재키는 남편과 함께 3개월 동안 집을 찾았지만 마땅한 집을 발견하지 못했다. 그녀는 기한을 정해서 미라클맵을 만들고, 다시 살집을 찾아보았다. 미라클맵에는 그 집의 위치와 가격, 원하는 조건을 모두 적었다. 생생하게 상상하면서 그 집이 마치 이미 자신의 집인 듯 느꼈다. 미라클맵을 만들기 전에는 집이 너무 작거나, 너무 비싸거나, 위치가 좋지 않거나, 손볼 것이 많은 집들만 보였다. 그러나 미라클맵을 만들자 정확히 자신이 원하는 집을 3개월 뒤인 2004년 4월 1일에 부동산 계약서에 서명을 했고, 그 어떤 때보다 행복함을 느꼈다. 재키는 목표를 쓸 때 기적 지도의 이미지와 정확히 일치하게 쓰고, 10자 이내로 쓰는 소원의 규칙과 100일 소원의 원리를 사용했다. 처음 미라클맵을 만드는 분들은 기한을 너무 멀리 잡지 않는 것이 좋다. 작은 것부터 하나씩 경험해 나가다 보면 성공한 경험이 쌓여 큰 목표도 쉽게 이루어진다. 처음부터 너무 큰 목표를 잡으면 뇌에서 믿지 않아 더디게 이루어질 수 있다.

이케가야 유지는 도쿄 대학교 약학대학 교수이며, 최고 권위의 뇌 과학자이다. 그는 인간이 지구에 사는 100만 종류의 생물의 종의 기원들 중에서 유일하게 뇌를 키우는 방향 쪽으로 진화했다고 밝혔다. 인간만이 멸종하지 않고 살아남아 승승장구한 거의 유일한 존재라고 보고 있다. 그가 주장하는 뇌의 장기 기억과 단기 기억을 연결해주는 관문인 해마가 정보를 뇌에 저장하는 기간이 약 100일이라 한다. 다시 말해 중요하지 않은 정보는 100일 안에 다 사라진다. 다행인 것이다. 세상에 넘쳐나는 수많은 정보를 해마가 걸러줘서. 안 그랬으면 뇌가 과부하에 걸렸을 것이다.

해마에게 중요한 정보는 장기기억 장치인 잠재의식에 저장해 둔다. 이때 100일 단위로 반복해서 입력해주면 계속해서 찾아오는 단기 기억인 현재의식이 잠재의식에게 명령을 내려 중요한 정보로 인식하고 장기기억에 저장해두게 된다. 미라클맵은 잠재의식인 장기 기억에 저장된다. 이미지로 저장되기 때문에 시간이 지나도 잘 잊히지 않는다. 대뇌피질에 주요하게 저장된 정보는 각인되어 있어서 어떤 간섭이 있어도 필요로 할 때 기억이 잘 난다고 한다.

정말 중요하다고 생각해도 시간이 지나면 중요도가 사라지는 경우가 있다. 중요하다고 생각하는 정보를 자주 보고 각인시키지 않으면, 100일마다 사라지게 된다. 그래서 미라클맵은 자주 보는 곳에 붙여 놓고, 매일 인식하면서 뇌에 중요하다고, 꼭 이루어달라고 요청해야 된다. 그러면 뇌는 알아서 미라클맵의 꿈과 관련된 중요한 일들을 보내주어 행동하게 만든다. 미라클맵에 입력한 이미지는 잠재의식에 각인되어 언제라도 활동한다. 오래 전에 품었던 소망이 이루어지는 이유가 잠재의식에서 잊히지 않고, 중요하다고 뇌의 장기기억에 저장되었기 때문이다. 살면서 이와 관련한 것들을 계속 경험하는 것은 모두 해마 덕분이다.

클린턴도 미라클맵을 만들어 가까운 곳에 두고 자주 보았다. 인생에서 가장 중요한 목표와 꿈을 적었고, 중요한 순서대로 적어 놓고 자신이 이루고 싶은 꿈을 이루었다. 미라클맵은 삶의 우선순위를 잘 나타나게 해준다. 삶의 어느 순간에는 반드시 이루어진다.

1953년 미국 예일 대학교에서 졸업생을 대상으로 삶의 미라클맵을 가지고 있는지를 설문조사했다. 이때 미라클맵을 설명한 종이를 가지고 있는 3퍼센트가 가지고 있지 않았던 97퍼센트보다 훨씬 더 충만하고 행복한 감정을 느끼면서 살고 있었다. 그 중에서 자신의 꿈과 목표를 3개월마다 업데이트 하면서, 미라클맵을 확인한 사람들이 다른 사람들 보다 가지고 있는 재산이 훨씬 더 많았다.

감정을 느끼고, 미라클맵에 집중하고, 반복으로 집중하면 원하는 모든 꿈들을 이룰 수 있다. 자신이 바라는 미라클맵의 이미지가 3개월마다 부유하고, 성공적이고, 건강하고 행복한 이미지라면, 계속해서 그와 관련된 미라클맵을 반복해서 바라보고 감정을 느껴야 한다.

클린턴은 초등학교 때부터 '나는 대통령이 될 거야'라고 말했다. 이 소원은 10자 이내로 만들어진 미라클맵의 제목이었다. 그는 청소년기에 케네디 대통령과 함께 찍은 자신의 사진을 보면서, 백악관에서 자신이 집무하고 있는 미라클맵을 항상 마음속에 품고 다녔다. 마음속에 한번 품은 강한 소원은 3개월마다 계속 꿈을 이루기 위한 행동을 하도록 부추기고, 결국에 꿈을 이루게 한다.

미라클맵의 6번째 과정은 긍정문이다. 우리는 하루에도 수 만 가지 생각을 한다. 그 생각들은 어제의 생각의 반복이거나 미래에 대한 불안일 때가 많다. 미라클맵을 가지고 있지 않은 사람들은 그 생각에 매몰되어 자신이 진정으로 원하는 것이 무엇인지 모르고 살 수 있다. 지금 가슴에 손을 얹고 이렇게 자신에게 물어보자?

· MISSION 10 · **자신에게 물어보기**

당신은 지금 진정으로 원하는 삶을 살고 있는가?

_____

당신의 현재의 모습은 진정으로 당신이 바라던 그런 사람인가?

_____

만약 지금 행복하지 않다고 대답이 나오면, 반드시 미라클맵을 지금 당장 만들어야 한다. 왜냐하면 지금 행복하지 않다는 자기암시가 계속해서 행복하지 않은 상황을 끌어당길 것이기 때문이다.

사람들은 과거에는 대부분 상상의 힘을 무의식적으로 부정적으로 사용했다. 우리 조상 때부터 지금까지 내려온 집단 무의식을 보면 안심보다는 걱정을, 행복보다는 불행을, 사랑보다는 두려움을 선택하는 쪽으로 유전적 환경이 그렇게 진화되었다. 시대가 바뀌었음에도 불구하고 여전히 삶에 대한 부정적인 생각들 때문에 습관적으로 결핍과 제약을 떠올리고 있다. 우리가 지금 겪는 시련과 고난 등을 벗어날 수 없는 운명으로 받아들이고 있다. 하지만 그것은 진실이 아니다. 만약 그것이 진리라면 모든 사람들이 다 똑같이 시련과 고난을 겪으면서 살아야 하는데, 무일푼에서 성공한 사람, 학력이 좋아도 돈에 항상 구애되는 삶을 사는 사람 등, 여러 가지 이해가지 않는 상황들이 많다.

예외 없이 모든 분야에서 학력, 배경, 주변 환경을 불문하고 특별한 성과를 이룬 사람들은 미라클맵을 가지고 있다. 그들의 마음속에는 이런 생각이 있다. 모든 일이 바라던 대로 진행된다고 상상하고, 그 상상을 현실감 있게 아주 세부적으로 떠올린다. 가령 성공했을 때 주위 사람들이 자신에게 할 말을 생생하게 떠올리고, 함께 행복할 사람들을 떠올리면서 그들을 위해서도 미라클맵을 만든다. 특히 말은 생명력이 강하므로 내면의 대화를 통해서 장면을 이미지로 심어 놓는다. 아주 큰 성공을 거둔 사람들은 아예 설계도를 뇌에 그려서 마음속에서 그냥 튀어나올 수 있게 생생하게 만들어 놓는다. 긍정적인 말은 미라클맵에서 아주 중요한 역할을 한다. 이미지만으로 꿈을 이루는데 시간이 걸리는 것을 더 빨리 이루게 하는 약효가 있다. 미라클맵이 이루어졌을 때의 기분을 소리를 내어 말하든 조용히 속으로 읊든 혹은 말을 종이에 글로 쓰거나 타인에게 표현한다.

하루라도 말을 하지 않는 사람들은 없을 것이다. 소리 내어 말하거나 속으로 말을 하는 건, 전부 언어란 매개체로 사물을 인식하게 되고, 언어는 이미지를 만들어 낸다. 예를 들어 '병원', '할머니', '집', '산', '바다' 등 이런 단어들을 말하면 이미 이미지가 뇌에서 각인되어 떠오른다. 만일, '짜증나는', '지겨운', '불편한', '질투하는', '우울한' 이런 단어들을 말한다면 그것을 떠올리는 순간, 이미지로 마음속에 불쾌했던 이미지를 뇌는 자동적으로 떠올린다. 그래서 의식적으로 두뇌에 자신이 봤던 과거에 행복한 이미지들이 현실에 나타나게 해야 한다. 지나가다가 어떤 부정적인 장면을 보더라도 그것이 현재의 기분 좋은 의식 상태를 유지하는 데 영향을 끼치지 않도록 좋은 꿈의 방향으로 생각해야 한다.

심리학자들의 연구에 의하면 우리 감정의 95퍼센트가 순간 스쳐가는 말에 의해서 결정된다고 한다. 긍정의 이미지와 긍정의 말을 써넣는 것이 최대한 미라클맵의 결과를 끌어당길 수 있다. 말이 이미지를 결정하니 부정의 말을 바꾸어 긍정으로 바꾸자.

몸과 마음의 긴장을 모두 풀고 심호흡을 세 번 하면 마음속의 이미지들이 전부 하얀색 순수 도화지로 변한다. 실례로, 심신의 긴장을 풀어주면 뇌파의 모양이 변하고 속도도 훨씬 느려지는 알파파 상태가 된다. 연구 결과에 따르면 알파파가 심신의 긴장을 느슨하게 풀어주는 역할을 한다. 이때 미라클맵을 통해 상상의 날개를 편다. 그래서 잠들기 전에 긴장이 느슨하게 풀어진 상태에서 미라클맵을 떠올리거나 보는 것이 효과가 좋다. 푹 잘 자고 일어난 아침에도 같은 효과가 있다.

미라클맵을 마음속에 선명하게 그려낸 다음, 이미지에 집중한다. 그리고 다음과 같은 긍정적인 말을 스스로에게 외워서 해주거나 미라클맵에 써서 자기 전과 일어날 때 읽는다.

긍정문 쓰기

나는 모든 면에서 하루가 다르게 나아지고 있어.

내게 필요한 모든 것은 제때에 적절한 장소에서 순서대로 나타나.

내 삶이 더할 나위 없이 행복하게 피어나고 있어.

내 삶의 주인은 바로 나야.

내게 필요한 모든 것은 이미 내 안에 있어.

나는 모든 감정을 나의 일부분으로 받아들이고 있어.

나는 사랑하고 사랑 받기를 좋아해.

나는 지금 따뜻하고 좋은 관계들을 내 삶 속으로 끌어들이고 있어.

긍정문 쓰기(가장 먼저 생각나는 소원을 쓰세요)

소원 제목 : _____

1. _____

2. _____

3. _____

4. _____

5. _____

6. _____

7. _____

　만약 일자리가 마음에 안 들어서 새로운 일자리를 구하고 싶다면 마음속에 이상적인 직업 환경에서 일하는 모습을 상상한다. 긴장을 풀고 명상 상태로 들어가 이상적인 작업 환경에서 일하는 자신을 떠올린다. 바라던 환경에서 사랑을 받으며 적성에 맞는 일을 하고 경제적인 보상도 충분히 받는 모습을 생생하게 그린다. 여기에다 세세한 근무조건, 자율적인 일 처리 권한, 출퇴근 시간 등 이상적인 모든 환경을 떠올린다. 이미 이루어진 것처럼 충분히 해낼 수 있다고 생각해 본다. 이 과정을 시간 나는 대로 되풀이 하는 것도 좋다. 변화하고 싶다는 바람이 확실하다면 조만간 기적 지도처럼 근무 여건이 향상 되거나 좋은 직장이 나타날 것이다.

　우리의 감각 기관이 인지해낼 수 있는 차원에서는 물질이 단단히 고정되어 보여도 미라클맵은 더 근원적이다. 우리 안에 마치 다른 존재가 있어서 미라클맵을 관리하는 것처럼 보인다. 사물의 미세한 차원, 즉 원자나 원자를 구성하고 있는 양자와 전자의 차원에서 보면, 물질 안에도 수많은 입자들이 있어서 이보다 더 잘게 나누면 결국 에너지 밖에 없다. 물리학적인 측면에서 보면 말도 에너지이고 미라클맵도 에너지다. 모두다 에너지로 다양한 형태를 가지고 있을 뿐 결국 하나다. 그렇기에 이 하나인 원래의 자신의 상태를 비슷한 형태로 끌어들여 현실에서 하나로 잠재의식과 의식이 만들어 버리면 기적이 일어난다. 에너지는 비슷한 것을 끌어당기기 때문에 우리가 미라클맵을 만들기만 하면 반드시 그 이미지와 관련하여 비슷한 성질의 것을 끌어당긴다. 미라클맵에 붙여 놓은 이미지와 비슷한 사람들을 만나거나 우연히 읽던 책에서 힌트를 얻을 수 도 있다.

모든 일이 바라던 대로 진행되고 이상적이라면, 어떻게 현실이 바뀔지 상상한다. 이런 상상에 더욱 더 현실감을 느끼기 위해서 세부 사항을 떠올리거나, 내면의 대화로 이루어졌을 때 사람들과 나누는 대화를 상상한다. 예를 들어서 만약 가고 싶은 여행지가 있어서 미라클맵을 만들어 이미지를 붙이고 보고 있다고 생각해 보자. 그리고 이렇게 이미지 밑에다 쓴다.

"지금 나는 신나게 산에서 주말을 즐기고 있는 중이야. 아! 정말 멋진 휴일이야. 내가 이 세상에 태어나서 가장 최고로 즐거웠던 주말이었어. 너와 함께 주말을 보내다니 꿈만 같아."

이렇게 이루어졌을 때의 비슷한 에너지의 이미지를 떠올릴 수 있는 구체적인 말을 써 놓는다.

새로운 아파트에 이사를 가고 싶다면, 다음과 같이 자신과 내면의 대화를 한다. 이 방법은 내가 써서 실제로 이룬 방법이다.

"널찍한 아파트는 우리 가족이 사는데 최상의 위치에 있어. 교통도 편리하고, 주변 이웃도 친절하고, 아파트 뒤에는 산이 있어서 매일 신선한 공기를 마시면서 산책을 하고 있어. 전망이 탁 틔어서 너무나도 아름답고 마음이 시원해. 이 아파트에서 나는 나를 있는 그대로 사랑하는 법을 배우고 있어."

2018년 수능 시험 전에 일이다. 어느 잡지에서 '합격'이라고 강렬하게 쓰여 있는 이미지가 있었다. 아무리 봐도 느낌이 너무 좋아서 내가 들고 다니는 '미라클북'에 붙여 놓았었다. 그런데 신기하게도 내가 운영하고 있는 카페에 어느 회원님이 자신의 아들 때문에 대학교 합격 발표를 초조하고 불안하게 기다리는 마음을 담아 카페에 글을 남겼다. 그런데 나는 그 회원님의 아들이 그 대학에 합격 할 것을 느낄 수 있었다. 어느 날 그 회원님의 아들이 명문대에 합격했다는 기쁜 소식이 전해져왔다. 중요한 것은 회원님이 잠재의식에서 모든 것을 다 최상의 선으로 이루어질 것이라고 믿었다는 것이다. 함께 명상을 하면서 "내려놓고, 행복하게 지내세요"라는 내 말을 듣고 그대로 실천했더니, 그 행복이 합격이라는 주파수대와 맞아 떨어져서 결국 꿈이 이루어진 것이다. '꿈이 이루어졌을 때의 그 행복한 느낌'을 지속적으로 느끼고 있으면, 미라클맵은 불가능을 가능으로 바꾸어 줄 것이다.

단, 여기서 중요한 포인트는 자신이 적으면서 즐거운 감정이 느껴지는 그런 긍정문을 쓰는 것이다.

미라클맵의 7번째 과정은 트레이닝이다. 간절한 미라클맵은 반드시 이루어진다. 지금의 처한 상황이 당신에게 만족스럽지 못하다면, 상황을 바꾸어버리겠다고 마음만 먹으면 안 될 이유가 하나도 없다. 자신이 진정으로 원하는 것을 알게 해주는 미라클맵은 소망하는 것들과 조건들을 명쾌하게 잠재의식에서 이미지 형태로 보여준다. 잠재의식에 있는 미라클맵의 이미지를 찾기 위해서 다음과 같은 질문을 던져보자.

· MISSION 12 ·   **자신이 원하는 것**

1. 나는 무엇을 하고 싶은가?   _____
2. 나는 무엇이 되고 싶은가?   _____

3. 나는 무엇을 보고 싶은가? _____

4. 나는 무엇을 갖고 싶은가? _____

5. 나는 어디에 가고 싶은가? _____

6. 나는 무엇을 나누고 싶은가? _____

지금 6가지에 대한 답이 확실한 사람들은 이 책을 읽을 필요가 없다. 자신이 간절히 원하는 것을 알고 있기에 이미 다 성취했을 것이다. 더 높은 미라클맵의 목표를 위해 책을 볼 수도 있겠지만, 구체적으로 자신이 뭘 원하는지 아는 사람들은 어딜 가더라도 원하는 것이 쉽게 나타난다. 미라클맵의 힘은 진실로 원하는 것이라면 무엇이든 가질 수 있게 기꺼이 도와준다. 무엇보다 중요한 사실은 이 강력한 뭔가 알 수 없는 우주의 힘이 우리가 미라클맵을 이룰 수 있도록 도와주고 싶어서 안달한다는 것이다.

우리가 원하는 6가지 질문에 대한 대답이 정신적인 것이든 물리적인 것이든, 혹은 영적인 것이든 진정으로 진심을 담아서 간절한 마음으로 소망하면 반드시 다 이루어진다. 당신이 자동차를 원한다면 어느 차종으로 할 것인지, 스타일은 어떤 것이고, 색은 어떤 것인지 정확하고 구체적으로 원해야 한다. 사업에서 성공을 하고 싶다면 그것 역시 기록이 이루어진 이미지를 찾아 매일 이미지 트레이닝을 하면 된다.

더 효과 있는 이미지 트레이닝을 하기 위해선 아주 생생하게 오감을 사용해서 구체적으로 자신이 원하는 것에 대해서 묘사한다. 만약 물리적인 사물이라면 높이, 넓이, 가격, 모델, 색깔 등을 떠올린다. 지위나 사업이라면 연봉, 직급, 자신이 확보할 수 있는 예산, 종업원 수 등을 포함해 그 일과 관련된 내용을 자세히 이미지 트레이닝 한다. 만약 이미지를 찾아 붙였는데 정확히 잘 안 떠오르고 생생하게 안 보이면 그것을 왜 원하는지 물어봐야 한다. 내면으로 들어가서 자신이 원하는 미라클맵이 이것이 맞는지 물어본다. 안 맞으면 왜 안 맞는지 물어본다. '자신이 바라는 것'은 그것에 합당한 이유가 있어야 강력하게 미라클맵이 떠오르고 행동을 위한 동기부여가 된다.

사업에서 성공을 하고 싶다면 가격, 위치, 목표 금액에 대해 구체적으로 적어야 하고, 여행을 가고 싶다면 정확히 어디를 콕 집어서 미라클맵을 만들어야 한다. 만약 이런 것들을 구체적으로 적지 못한다면 스스로에게 솔직하지 않은 것일 수도 있다. 누구나 이 세상에 태어나면 지금보다 더 나은 삶을 살기 바라고 성장하길 원한다. 이 세상에 가치 있는 존재가 되어 의미를 남기고 싶어 하는 욕구가 누구든지 있다. 솔직하게 바라지 않으면 스스로를 속이는 것이다. 구체적이거나 명확한 목표를 적는 것이 어렵다면, 일단은 자신이 바라는 것을 나타내는 이미지를 하나 선택한다. 그리고 그 이미지가 이루어졌을 때 느낄 좋은 감정을 계속해서 매일 느껴보자.

미라클맵을 만들면 이미지의 힘이 말보다 10만 배의 효과가 있기 때문에 기적같이 바라는 것들이 이루어진다. 만약 매일 이미지 트레이닝을 했다면 "참 기가 막힌 우연의 일치로군. 놀라워. 생각하는 대로 다 되잖아." 라고 이런 생각이 들 것이다. 꿈이 이루어져 확신이 서면 또 다시 미라클맵을 만들게 되고, 이루어지는 재미에 계속해서 더 큰 꿈을 향해 미라클맵을 그리고 있는 자신을 발견하게 될 것이다.

짐 캐리는 가난한 시절에 앞으로 영화를 찍어 자신이 1,000만 달러를 벌겠다고 꿈꾸었고, 그는 문방구에서 백지 수표를 사서 스스로 금액을 적고, 지급 날짜를 적어서 사인을 했다. 이걸 매일 지갑에 들고 다니며 이미지 트레이닝을 하였다. 그는 1994년 영화 〈마스크〉로 700만 달러의 출연료를 벌었고, 정확히 1995년 추수감사절에 천만 달러를 벌었다. 그가 1997년에 오프라 윈프리 쇼에서 간절한 미라클맵이 꿈을 이루게 했다고 하면서 자신

있게 꿈을 크게 품으라고 말했다. 그는 미라클맵의 제목으로 '추수감사절 천만 달러'라고 썼고, 백지수표라는 이미지를 썼으며, 1995년 추수감사절이라는 기한을 썼다. 그는 매일 이미지 트레이닝을 하면서 그것이 이미 이루어진 느낌을 느꼈다. 그는 아픈 어머니를 기쁘게 해드리기 위해 희극을 택해서 대단한 성공과 부를 거머쥐었다.

얼마 전 친구가 고민이 있어 상담을 해주었다. 내 문제가 아니라 상대방의 고민에 대해 조언을 했는데도 그 말이 결국 나에게 잠재의식에 각인되었다. 의식하지 않으면 내 문제로 인식하는 뇌의 속성에 깜짝 놀랐다. 예를 들어 친구가 아침에 너무 일찍 일어나서 몸이 무겁다고 했다. 잠을 더 자서 숙면을 취하라고 충고해주었다. 나는 평상시에 새벽에 잘 일어나는 패턴을 가지고 있었다. 그런데 나의 수면에는 문제가 없음에도 불구하고 친구에게 한 말이 나도 모르게 나에게 입력이 되었다. 다음 날 나는 이상하게도 일찍 일어나지 못했다.

모든 말이 1인칭으로 인식된다는 것을 알았다. 말이나 이미지로 떠오르는 것들은 전부 내 잠재의식에 각인되어 어느 순간 실현된다는 것도 다시 깨닫게 되었다. 즉, 내가 어떤 사람에 대해 떠오르는 이미지는 곧 나에게도 마찬가지로 그 이미지가 각인된다. 이론으로 알고 있던 것을 강하게 체험한 날이다. 타인을 대할 때 좋은 말을 하고 긍정적인 이미지를 떠올리는 것이 나의 잠재의식에게도 좋다. 오직 그렇게 의도하겠다고 생각하고 미라클맵을 만들어 수시로 보지 않으면, 우리의 무의식은 과거의 생각을 내 의지와 상관없이 그대로 실현시킨다. 오직 자신이 원하는 것이 풍요와 행복과 건강이라면 타인에게 하는 말이나 미라클맵의 이미지는 전부 풍요와 행복과 건강에 관한 것이어야 한다. 예를 들어 친구가 아침에 건강하고, 상쾌하고, 개운하게 일어나, 자신의 일을 잘 하고, 풍요로워지는 상상을 했어야 했다. 그랬다면 내가 아침에 일찍 일어나는데 문제가 없었을 것이다.

살다보면 환경에 휘둘려서 이리 치이고 저리 치여서 갈피를 못 잡을 때가 있다. 언제나 중심을 잡고 잠재의식에 무작위로 들어오는 정보를 걸러내어 의도하는 바대로 살 수 있게 하기 위해서는 자주 미라클맵을 보아야 한다. 그렇지 않으면 뉴스에서 나오는 이미지, 스마트 폰에서 보는 온갖 정보, 세상에서 보는 이미지들이 무작위로 잠재의식에 침투되어 그것과 비슷한 상황을 연출할 수 있기 때문이다. 모든 순간에 흔들리지 않고 초점을 맞추기 위해서는 미라클맵을 휴대하고 다니는 것이 가장 좋은 방법이다. 기적 지도는 무자각적 창조를 의식적으로 창조하게 만들어 준다.

　고려대학교에서 대학원생들을 대상으로 미라클맵에 대해 강연을 한 적이 있었다. 학생들에게 미라클맵에 대한 설명을 해주고 "혹시 미라클맵을 가지고 다니는 분이 계세요?"라고 질문했더니 한 분이 손을 들었다. 맨 앞자리에서 열심히 들으며, 자신의 꿈을 이루고 싶어 하는 강렬한 눈빛의 그녀를 지금도 잊을 수가 없다. 미라클맵을 비교적 잘 만들어 꿈과 목표를 적었는데 긍정문 대신 부정어로 적어 넣었다. 올바르게 미라클맵을 작성하는 법을 알려주었고, 그녀는 그 자리에서 바로 고쳤다. 그런 분들의 미라클맵은 반드시 이루어진다. 누군가가 "꿈을 적은 종이를 가지고 다니세요?"라고 물어보면 꺼내서 보여줄 수 있는 사람은 이미 꿈이 오고 있는 중이다.

　뇌는 명확한 이미지를 떠올리면 그것이 진정한 목표라고 생각하여 바로 실현시킨다. 머릿속에 어떤 이미지를 선명하게 여러 번 떠올리면 뇌가 못 보고 지나쳤다 하더라도 무의식중에 '기회'를 만든다. 미라클맵은 진정으로 바라는 것들의 이미지다. 매일 가지고 다니면 무의식중에 기회를 잘 포착하게 된다. 요즘은 스마트 폰을 주머니에 넣고 다니니 미라클맵을 만들어 사진을 저장해서 매일 잠재의식에 각인 시킬 수 있다.

2018년 7월 7일 미라클맵 모임에서 다같이 5년 후 이상적인 삶에 대해서 생각했다. 잠재의식의 간절한 소망으로 미라클맵을 만들도록 했다. 나는 하와이가 내 잠재의식에 있었다. 아직 한 번도 가보지 못한 곳이었지만, 왠지 나중에 그곳에서 미라클맵 모임을 할 것 같았다. 미라클맵을 만들어 가지고 다니면서 가끔 보기도 했지만, 크게 인식하지는 않았다. 그런데 우연인지 필연인지, 미라클맵을 적고나서 두달 뒤에 나는 와이키키 해변을 달리며 석양을 봤다. 그때 나는 5년 후 이상적인 삶이라고 적었지만, 가지고 다니면서 가끔씩만 봐도 금방 이루어지는 것이 바로 미라클맵의 효과이다.

카페의 한 회원님은 고등학교 국어 교사인데 평소에 브런치에 글을 올렸는데 반응이 좋았다. 자신이 글을 잘 쓰는 소질이 있음에도 불구하고 과연 책을 낼 수 있을까 고민이 많았다. 내가 옆에서 미라클맵을 만들어 책을 출판하는 것을 계속 상상하고, 행복하게 류시화 시인을 만나는 것도 그리라고 했다. 6개월 후 꿈이 이루어져 시집을 내게 되었고, 시집을 낸 후 1년 뒤에 류시화 시인을 직접 만나 깊이 교감하며 최고의 찬사까지 받았다. 그녀가 쓴 시집 『당신을 보다 나를 봅니다』는 글귀가 봄바람처럼 따뜻한 책이다.

원하지 않는 상상에 단 1초도 시간을 허비하지 말라고 성공한 사람들은 말한다. 성공한 사람들은 거의 대부분 지갑이나 호주머니에 미라클맵을 들고 다닌다. 지금 마주하고 있는 현실에서 변화된 현실을 꿈꾼다면 상상의 활동을 바꾸어야 한다. 그 작은 노력의 시작은 미라클맵에 의해서 시작되고, 또 들고 다니면서 매일 보는 것으로부터 꿈을 이루게 해 준다. 새로운 관념을 받아들여 그것이 효과가 나기 위해선 처음에는 시간이 필요하지만 나중에는 잠재의식이 알아서 해주는 자동시스템이 될 것이다.

나는 미라클맵을 만들어서 많은 것을 이루어 봤다. 그리고 미라클맵을 만들 때 마다 꼭 이루어질 것이라고 순수하게 믿는다. 인생은 누가 대신 살아주지 않는다. 여러분의 인생의 주인공은 여러분 자신이다. 인생의 가야 할 방향을 결정하고 미라클맵을 만드는 것도 여러분이다. 스스로가 선택한 삶의 목표에 따라 매일 살아내야 하는 것이 여러분의 몫이다. 이제 내 인생의 주인공으로서 내가 바라는 모든 것을 이룰 수 있다.

미라클맵 끌어당김 5단계 공식

자신을 자석이라고 가정해보자. 실제로 우리 몸 안에는 전자기장이 흐르고 있다. 모든 물체를 쪼개고 쪼개다보면 원자만이 남는다. 원자보다 더 들어가면 아무것도 안 남고 결국 남는 것은 에너지다. 모든 에너지는 아주 빠른 속도로 자신과 비슷한 에너지를 끌어당긴다. 우주에서 살고 있는 우리는 자석처럼 매일 어떤 일들을 창조하고 끌어당긴다.

우리가 인생에서 경험하는 모든 것은 지금 생각하는 것에 의한 반응으로 끌려온다. 에너지도 생각이기 때문에 아주 빠른 속도로 모든 생각을 끌어들일 수 있다. 현재와 과거의 어떤 일을 관찰, 혹은 회상하고 있건 관계없이 지금 초점을 맞추고 있는 생각이 내면에 에너지의 진동을 활성화시켜 자석처럼 어떤 일들이 달라붙게 하고 있다. 자신이 원치 않는 생각들도 본질이 비슷한 에너지로 끌어당긴다. 스스로 인식하지 못한 채로 무자각적으로 창조하고 있다. 미라클맵은 무자각적 창조를 막아주고 원하는 인생을 살도록 도움을 준다. 원치 않은 인생을 사는 사람들은 미라클맵을 갖고 있지 않기 때문이다.

여러분이 만일 미라클맵을 갖고 있지 않은 상태라면, 무작위로 원치 않는 것에 대해 생각하게 될 것이다. 이러한 경우 그 원치 않는 생각은 점점 더 커져서 현실로 나타나게 된다. 어떤 것을 쳐다보면서 "나는 저런 것을 경험하고 싶지 않아"라고 말할 경우에도 저런 것을 경험하고 싶다고 우주는 인식할 수도 있다. 우주에는 옳고 그름이나 좋고 나쁨이 없기 때문이다. 모든 것이 에너지로만 존재하기 때문에 비슷한 물질을 보거나 이미지를 보면 자신의 인생에서 곧 그런 것들이 많이 끌려올 것이다. 미라클맵을 만들어 원치 않는 생각을 버리고, 내가 원하는 꿈을 끌어당겨야 한다.

미라클맵으로 풍요롭게 사는 모습을 상상할 때 의식적으로 자신의 삶을 창조하게 된다. 그러나 사람들이 꿈을 이루지 못하는 이유는 평소에 원하는 것보다 원치 않는 것을 더 많이 생각하기 때문이다. 평소에 자신이 하는 생각과 말을 잘 살펴보자. 부정적인 말과 부정적인 생각, 그리고 부정적인 감정들이 많지 않은가? 지금까지 어떤 생각을 했든지 더 이상 깊게 생각하지 말아야 한다. 미라클맵은 언제나 기분 좋은 감정을 동반해줄 것이기에 일단 만들기만 하면 당신의 생각과 감정에 긍정적인 변화가 생길 것이다.

지금 일어나고 있는 일들을 주의 깊게 바라보고, 생각, 감정, 느낌을 모두 의도적으로 미라클맵에 초점을 맞추어야 한다, 그러면 자신의 자석 진동 패턴에 변화가 일어나기 시작할 것이고, 주변 환경이 바뀌기 시작할 것이다.

오직 긍정적인 감정이 여러분의 정신을 지배하게 해야 한다. 긍정적인 태도에 대해 나폴레온 힐은 PMA(positive mind attitude)라고 불렀다. 대부분 성공한 사람들은 모두 하나같이 PMA를 가지고 있었다. 나폴레온 힐이 30년 이상을 성공한 사람들과 실패한 사람들의 인생을 연구한 결과 성공과 실패를 나누는 한 가지 사실은 PMA라는 강력한 연구 결과를 내놓았다.

우리가 미라클맵을 완벽히 이루어지기 위해서는 5단계의 정신적 과정을 거쳐야 한다. 첫 번째는 먼저 자신이 원하지 않는 것과 원하는 것을 각각 정리해 보아야 한다.

· MISSION 13 · **대립항 정리**

대립항(싫은 것, 부정적인 것, 원치 않는 것)을 통한 정리

대립 – 원하지 않는 것	정의 – 원하는 것

→ 그렇다면 나는 무엇을 원하는 가?

바라는 것들의 목록을 대립항으로 정의를 내린다. 삶의 주요 영역별로 정의를 하면 좋을 것이다.

- 직장
- 돈
- 배우자 관계
- 친구 관계
- 상사와 동료 관계
- 교육
- 건강
- 자기계발
- 종교

두 번째 단계는 원치 않고 불만스러운 것들을 의도로 전환한다. 예를 들어 "지금 타고 다니는 이 차가 싫어. 고쳐야 할 것도 많고, 기름도 많이 먹고, 이 차를 운전하는 게 지쳤어. 이제는 이 차를 운전하고 싶지 않아."라고 생각하고 있다면 이렇게 의도를 바꾼다. "나는 나에게 아주 잘 맞는 새로운 차를 가질 거야. 그 차는 나에게 어딜 가든 안전하게 데려다 주고, 외관도 멋져. 차를 사는데 금액을 아주 편안하게 치루는 그런 차를 갖기를 의도해."

세 번째 단계는 무의식적인 마음, 숨겨진 믿음, 부정적인 마음의 정화를 시킨다. 정화는 반의지, 부정적인 신념, 자신이 그 차를 가질 수 없다는 믿음, 부정적인 성향, 여러분을 낙담시키고 최고를 추구하는 데 걸림돌이 되는 부정적인 잠재의식의 기억 장치, 프로그램들, 마음가짐을 제거하는 작업을 한다. 거짓된 믿음을 놓아주고 긍정적인 믿음으로 대처하는 방법은 다음과 같다.

목표 : 행복한 직장 고액 연봉

원하는 직업을 얻을 수 없는 이유
성공하는 것이 두려워.
내가 진정으로 뭘 원하는지 모르겠어.
정말로 그런 직업은 나에게 과분해.

내게는 그럴 자격이 없어.

큰 액수의 월급을 받는 게 부담스러워.

이렇게 신념을 바꾸어 본다.

"나의 상위자아가 나를 지금 완벽한 직업으로 인도하고 있다."

"나는 성공적인 직업을 가질 자격이 충분하다."

"내 직업은 내가 가진 재능을 펼쳐 보일 수 있도록 지지해준다.

"나는 내가 하는 모든 일에서 성공적이다."

"나는 직장에서 일하는 것이 기쁘다."

"나는 동료들과 상사와 서로를 존중하면서 일한다."

"한계란 단지 성장하기 위한 기회일 뿐이다."

"나는 한계를 성공을 위한 발판으로 여긴다."

네 번째 단계는 미라클맵이 이미 이루어졌을 때 느낌을 자세히 느끼는 것이다. 원하는 이미지를 고른 다음, 그것을 먼 미래에 이루어지는 것이 아니라, 지금 이루어졌다고 상상해야 한다. 상상이 강렬하게 느껴지면 더 좋다. 예를 들어, '오늘 아침에 내가 꿈꾸던 차가 생겼다.' '아침 출근길이 얼마나 행복할까?' 여러분이 바라는 진정으로 사랑하는 데이트 상대와 너무나도 낭만적인 데이트를 했다. 기분이 어떠한가? 새 직장을 구했는데 환경도 좋고, 동료들도 너무나도 좋다. 기분이 어떠한가? 오늘 인상된 월급을 받았다. 누구에게 제일 먼저 전화해서 어떤 말을 하겠는가? 이미 미라클맵이 이루어진 듯 느끼면 곧 이루어진다. RAS에 주입되어 그것과 관련된 일들을 많이 보내 줄 것이다. 그때 힌트를 잘 알아채야 한다.

다섯 번째 단계는 이미 이루어졌다고 느꼈으니, 무엇이건 내려놓으면서 마음을 편안하게 한다. 우주의 힌트가 주어지면 미라클맵에 따라 행동한다. 항상 마지막에 "이것 혹은 이것보다 더 좋은 것들이 모든 사람들의 선을 위해 조화롭고 만족스럽게 나타난다"는 말을 덧붙이는 것을 잊지 않는다. 미라클맵이 이루어지는 방법은 한 방향이 아니라 우주의 수많은 가능성을 열어 두는 것이기에 오직 한가지라고 집착하지 말자. 이렇게 5단계 기적 지도 끌어당김의 법칙을 이용하면 미라클맵으로 이루려는 것들이 더 단단해진다.

'백문불여일견(百聞不如一見)', 백번 듣는 것보다 한 번 직접 해 보는 것이 낫다. 아무리 미라클맵이 좋다며 이루어진다고, 성공한 사람들이나 주변에 유경험자들이 말해도, 자신이 직접 만들어

봐야 효과를 알 수 있다. 매일 쳐다보고 꿈을 가꾸고 느끼면서 미라클맵을 만들면 주위에서 변화들이 보일 것이다.

　미라클맵을 만드는 순간부터 잠재의식은 자동적으로 레이더를 온 의식에 장착해서 당신의 꿈을 이룰 방법을 찾아준다. 지하철을 타거나 텔레비전을 보면서 꿈의 기적 지도와 관련된 신호와 힌트를 얻을 수 있다. 주변 사람들과 대화를 하다가도 영감과 아이디어가 떠오른다. 그것을 우주의 신호, 이정표라고 한다. 그때 영감이 떠오르면 바로 컴퓨터 화면에 저장하거나 휴대폰에 메모를 해둔다. 이것은 우주에서 보내는 신호로써 미라클맵이 꿈을 이루기 위해 작동을 하고 있다는 증거이다.

　미라클맵을 만들면 불가사의한 우연의 일치들이 많이 보인다. 비행기를 타고 외국으로 여행가고 싶다는 미라클맵을 만들면 하늘에 떠다니는 비행기들이 많이 보일 것이다. 혹은 잡지나 기사에서 비행기 관련 사진을 많이 보게 되는 등의 공시성(Synchronicity)이 생긴다.

　마음의 이미지와 감정이 합쳐지면 우뇌에서 정보를 처리하는 속도가 1초에 1,000만 비트다. 언어와 논리는 고작 40비트밖에 안 된다. 잠재의식이 들어있는 우뇌에다 미라클맵을 매일 그리면 꿈을 이루는 우연의 일치, 공시성이 자주 발생한다. 그때마다 그 힌트를 적어두고 행동을 즉각 하면 그 자리에서 바로 이루어진다.

사람들은 "내년에는 수입이 두 배가 되었으면 좋겠다."라고 말한다. 하지만 행동은 변화가 거의 없다. 그러면 변하는 것은 없고 그 자리 그대로다. 외부에서 어떤 압력과 열을 가하지 않았는데 변할 수 있다는 것은 도리에 어긋난다. 뭐든지 수입을 2배로 올릴 수 있는 행동을 해야 한다. 시작은 미라클맵을 먼저 만드는 것이어야 한다. 그리고 미라클맵을 보고 있으면 자신이 '무엇을 원하고, 그것을 얻기 위해서는 어떻게 해야 할까' 라고 생각하기 때문에 자연스럽게 주변에 공시성이 일어난다.

어떤 행동을 하기 전에는 반드시 먼저 미라클맵이 마음속 이미지로 자리 잡고 있어야 한다. 미라클맵은 이미지와 말과 감정이 다 섞여 있기 때문에 행동을 만들어 낸다. 강한 행동을 동반하는 미라클맵을 만들어 의도적으로 행동을 바꾸기로 결심하면, 지금 당장 해야 할 일을 할 수 있다면, 바라는 어떤 것도 다 끌어당길 수 있다.

미라클맵을 만들고 바라는 것이 있거나, 행동하기 위한 영감이 떠오르면 즉시 행동한다. 뭘 요청했는지 생각해보고, 받기를 바라는 상황에 따라서 이미 된 것처럼 행동하고 있는지를 점검해야 한다. 행동하는 것이 소망과 상충하면 우연의 일치가 이루어지지 않는다. 반드시 영감이 떠오르면 미라클맵의 방향대로 행동한다. 이미 미라클맵이 이루어졌다고 생각하고 행동하기 시작한다.

만약 작가가 되는 것이 기적 지도에 포착되었다면, 당장 한 줄 글을 쓰는 것이 행동이 될 것이다. 어떤 것도 행동이 없이는 이루어지지 않는다. 구슬이 서 말이라도 꿰어야 보배다. 보배를 만들기 위해서 꼭 행동으로 동시성(공시성)을 체험하자. 반드시 기적 지도는 움직이기 시작하면 꿈을 배달해 줄 것이다.

꿈의 선한 영향력을 생각해보라

미라클맵은 자신뿐만 아니라 주변에도 선한 영향력을 끼친다. 서울대 행복연구센터 최인철 교수는 행복에 관한 광범위한 연구를 실시했다. 행복한 사람들은 어떤 식으로든 타인과 연결되어 있었다. 숫자의 많고 적음이 아니고 타인에게 자신의 존재가 함께 연결되어, 기여를 하고 있다는 가치가 느껴지면 행복한 것을 발견했다. 만약 한 사람이 행복해지면 주변 반경 2km 이내의 사람들이 같이 행복한 것을 연구 결과 알아냈다. 미라클맵의 꿈을 이루는 것은 사람들을 행복하게 해준다. 타인에게 영감과 귀감이 되기 때문이다. 만약 미라클맵으로 한 사람이 꿈을 이루면, 그 사람과 관련된 모든 사람들이 더불어 행복해진다.

많은 사람들에게 기여하겠다는 목표를 가지고 미라클맵을 만드는 사람들은 선한 영향력이 배가 되어 크게 된다. 예를 들어 워렌 버핏은 전 재산의 99퍼센트를 사회에 기부하는 부자다. 그는 자신의 재산을 자기에게 쓴다고 해서 행복해지지 않는다는 철학으로 사회에 큰 선한 영향력을 끼치고 있다. 올해 나이가 만 88세인데도 소박하게 맥도날드에서 아침 식사를 하는데 3.71달러 이상을 쓰지 않는다. 그의 성공은 놀랄 일이 아니다. 그는 세계에서 가장 관대한 자선가로 10년 동안 275억 달러를 기부하고 있다. 그는 막대한 재산에 대한 이야기를 이렇게 한다. "초등학생들이 메이저 리그와 할리우드 스타가 되는 것을 꿈꾸는 동안 나는 10살의 나이에 뉴욕 증권 거래소 회원과 점심을 먹는 것을 꿈꿨다." 그는 머릿속에 돈을 중심으로 자신의 인생에 관한 미라클맵을 그렸다. 그 돈으로 사회에 보급할 선한 영향력 역시 미라클맵으로 상세하게 만들었다.

부자들에게 점심을 사면 부자가 된다고 하는 말이 있다. 수많은 부자들이 더 부자가 되려고 워렌 버핏과 점심을 먹는다. 1년에 딱 하루 그와 점심을 먹기 위해 경쟁을 하는데 한 번에 드는 비용이 수십억 원이 된다. 경매 수익은 샌프란시스코 빈민구제단체 '글라이드 재단'에 전액 전달된다고 한다. 미라클맵은 돈의 크기가 아니라 꿈과 열정의 크기이고, 사회적인 선한 영향력의 크기라고 할 수 있겠다.

한국 미라클모닝' 이라는 카페를 만들어 아침 일찍 기상을 하고 미라클맵을 올렸다. 카페에서는 긍정확문 쓰기, 명상하기, 독서하기, 운동하기, 글쓰기, 감사 일기 쓰기 등을 모두 함께하며, 그 사람들과 공유했다. 나 이외의 한 사람이라도 함께 하여 사회에 선한 영향력을 끼치자고 시작한 온라인 모임이 오프라인 모임도 하게 되었고, 수많은 사람들의 미라클맵을 이루게 해 줄지 만들 땐 몰랐었다.

지금까지 10만 명이 다녀가면서 이렇게 꾸준히 습관을 개선하고, 자신을 수련하는 모습에 감동을 받아 고맙다는 인사를 받을 때는 참으로 뿌듯하다. 가정이 화목하게 바뀌고, 직장 사람들의 태도가 바뀌고, 사업이 잘 되어 성공하고, 자녀들이 학교에서 인정받고, 항상 웃게 되었다고 좋은 소식을 전해 들을 때면, 내가 이 세상에 태어난 목적을 충분히 잘 실천하고 있다는 생각이 든다. 솔선수범으로 새벽 3시 기상을 매일 하루도 빠지지 않고, 수행하듯 살기 때문에 카페가 잘 유지되어 대한민국의 의식을 밝게 하고 있단 생각이 든다.

한 사람이 명상을 해도 주변에 의식이 환해진다는 연구 결과가 있다. 범죄 지역에 승려를 한 명 보내면 그 지역에 범죄 발생 비율과 사고의 확률이 현저히 낮아진다. 한 사람의 의식의 변화가 주변에 큰 영향력을 끼칠 수 있다. 꿈의 선한 영향력을 생각해 볼 때 자신뿐만이 아니라 주변의 많은 사람들이 행복해지고 꿈을 이룰 수 있다.

미라클맵을 만들면 즉각적인 결과를 가져올 때도 있고, 시간이 지나서 그 결과가 올 때도 있다. 시간이 지나서 그 결과가 올 때에는 사회적 영향력이 더 커져서 훨씬 더 풍성하게 올 것이라고 믿고 확신하면 된다. 아직 자신의 의식에서 마음의 준비가 덜 되었을 수도 있다. 어떤 친구가 세계 여행을 가고 싶어 세계 지도가 그려진 옷을 입고 3개월 동안 들여다보았다. 하지만 세계 여행이 뜻대로 이루어지지 않았다. 그 친구는 실망하지 않고, 더 좋은 식으로 내게 올 것이라고 믿고 있었다. 6개월 후 미라클맵에 그린 것보다 훨씬 더 좋은 방식으로 친구들과 유럽 여행을 하게 되었다. 여러분 중에 세계여행이 꿈인 분들은 세계 지도를 그린 옷을 입고 다니면 꿈을 이루는데 많은 도움이 될 것이다. 이렇게 미라클맵은 한 사람의 꿈뿐만 아니라, 주변 사람들에게도 선한 영향을 끼친다.

사회에 선한 영향력을 끼쳐 좋은 것만 줄 수 있도록 미라클맵에는 진정으로 바라는 것만 그리자. 타인이 잘 되도록 미라클맵을 마음에 품어 만나는 사람들에게 좋은 일이 일어나길 바라는 마음만이 자신이 더 잘 되는 길이 될 수 있다. 세상에 위대한 업적을 이룬 성공자들은 대부분 자신의 인생과 타인의 인생에서 최고와 최선을 다해 미라클맵을 만든다. 타인이 잘 되기를 바라고 사회적인 영향력을 끼치기 위해 다음과 같은 말을 미라클맵에 적어두어도 좋다.

"나는 인생에서 최고와 최선을 열망한다."
"지금 그것을 내 것으로 만들어가고 있다."

하나의 큰 목표를 세우고 미라클맵을 이루기 위해 작은 계획들을 적다보면 작은 소망들도 다 이루어진다. 사회적으로 큰 영향력을 끼친다는 소망이 강할 때 나머지 작은 미라클맵의 소망들은 우주의 법칙에 의해 자연적으로 성취될 것이다.

일본의 대부호 사이토 히토리는 제자들에게 이렇게 말하며 선한 영향력을 끼친다. "만약 성공하고 행복해지고 싶다면, 먼저 오늘부터 만나는 사람들에게 이렇게 말해주세요." '이 사람에게는 온갖 좋은 일들이 눈사태처럼 일어납니다.' 이 말은 타인을 위해 하는 것 같지만, 결과적으로 말을 하는 자신을 위한 길이 된다. 만나는 사람들에게 좋은 일들이 눈사태처럼 일어나길 기원하면, 타인을 평가하거나 판단하는 마음이 사라지고, 내면이 행복해진다.

인생의 목적과 사회적 파급력을 생각해보라

세상에 태어나 살아가는 모든 존재는 혼자의 힘으로 살지 못한다. 누군가의 도움으로 살고 있다. 누군가의 도움을 주고받는 관계를 맺으면서 내가 사회에 기여할 수 있는 목적에 대해서 곰곰이 생각해 볼 필요가 있다. 매일 우리는 누군가에게 친절을 베풀면서 살고 있다. 타인에게 기여하고 봉사하면 자신의 삶이 풍요롭고 의미가 깊어진다. 미라클맵을 갖고 있으면 이 세상에 태어난 인생의 목적을 이루게 해준다. 자신의 꿈을 이루는 것은 사회적 파급력이 아주 크다. 자신이 인생을 살면서 세상에 큰 기여를 어떤 식으로든 했다고 생각하면 뿌듯할 것이다.

미라클맵은 더 높은 이상을 향하여 숭고한 일을 하게 해준다. 남에게 자신의 재능을 보여주거나 '내 것'이라는 의식을 벗어던지고 더 높은 목적에 집중하게 해준다. 시간이나 에너지를 타인에게 기여하게 해준다. 세상을 더 나은 곳으로 만들기 위해서 거창한 목적도 좋지만 아주 사소한 것, 양보하기, 남에게 인사하기, 친절을 베풀기, 사회의 소외 계층의 사람들에게 봉사하기를 실천하는 것도 훌륭하다.

탤런트 김혜자 씨는 아프리카에서 봉사를 자주 한다. "이런 곳에 와서 죽어가는 아이들을 보면, 지금 하는 고민들이 다 별게 아닌 것처럼 느껴질 거야"라는 말을 했다. 우리는 아주 풍족한 세상에 살고 있다. 하지만 지구상에는 지금도 못 먹어서 죽어가는 어린 아이들이 많이 있다. 그들을 위해 직접 해외에 가서 봉사를 못 하더라도, 후원을 통해 그들을 도울 수 있다. 미라클맵은 그런 봉사의 영역을 따로 만들기 때문에 조금이나마 세상에 기여를 하게 된다.

　나도 이런 작은 후원을 10년 전부터 매달 해오고 있다. 네팔에 돈이 몇 만원 없어서 교육을 받지 못하는 아이들에게 교육을 할 수 있도록 지원을 하는 것은 책에서 읽은 내용을 실천하는 것이다. 우리가 풍족하게 살 때 그 풍요를 이 세상에 고통 받는 아이들을 위해서 나누어주는 행위는 자신에게 큰 덕으로 돌아온다. 책의 인세를 홀트 아동 복지회에 기부를 하고, 봉사를 매달 가는 과정에서 내 자신이 이렇게 좋은 환경에서 사는 것에 대한 감사를 체득한다. 이 모든 행동은 내가 만든 미라클맵 덕분이다.

　옛날에 이런 이야기가 있다. 어느 연약한 할머니가 천생연분이었던 할아버지와 사별을 했다. 할머니는 아들, 며느리, 손자가 사는 집으로 들어가게 되었다. 점점 노쇠해진 할머니는 음식을 먹다가 식탁에 흘리기도 하고, 점점 자식들에게 짐이 되는 행동들을 하기 시작했다. 아들과 며느리는 자주 짜증을 냈고, 더 이상 못 참겠다고 말했다. 식사를 할 때마다 노모를 혼자 구석에서 식사하게 했다. 할머니는 구석에서 눈물을 그렁거리며 자식들을 쳐다봤다. 자식들은 노모를 숟가락이나 젓가락을 떨어뜨리면 구박을 하고 신경을 쓰지 않았다.

어느 날 저녁을 먹기 전, 어린 아들이 바닥에서 블록 쌓기 놀이를 하고 있었다. 아들은 블록으로 식탁을 만들었다. 그때 엄마와 아빠가 사랑스런 눈빛으로 아들에게 "뭘 만들고 있니?"라고 물었다. 그러자 아들이 "엄마와 아빠가 쓸 식탁이에요. 제가 크면 엄마, 아빠가 구석에서 식사하시게 만드는 거예요." 아이의 대답에 부부는 비로소 자신들의 잘못을 깨달았다. 연민의 불이 켜진 것이다. 부부는 나쁜 사람들이 아니었다. 삶의 가치와 목적이 어디에 있는지 깨닫지 못했을 뿐이다.

삶의 목적을 비전이라고 할 수 있겠다. 이루고 싶은 꿈이 사회에 미칠 파급력을 생각해보면 지금 당장 인생의 목적을 적어볼 수 있겠다. 간단하고 분명하게 작은 것이라도 좋으니 실천 가능하게 적어본다. 사람들에게 미칠 영향력을 생각하고 자신에게 감동을 주는 긍정적인 언어로 써 보자.

이렇게 한 줄 문장으로 적어 본다. 이 문장은 앞으로 만들 미라클맵의 핵심이 되어야 할 것이다.

· MISSION 14 · **사회적 파급력 상상하기**

_____함으로써

(내가 사회에 기여할 수 있는 부분)

_____한다.

(내 기여가 사회에 미친 영향력)

우리나라의 스타 강사들인 김미경, 김창옥, 법상 스님 등 사회에 큰 기여를 하는 사람들은 자신의 책을 쓰고, 강연을 하고, 워크숍을 여는 이유가 더 많은 사람들을 격려하고 사회에 공헌하기 위해서이다. 그들의 삶의 목적은 이렇게 정의할 수 있겠다.

사람들의 가능성을 끌어내어 본연의 자신을 찾게 함으로써
그 자존감으로 다 함께 세상을 바꾸게 한다.

대부분의 크게 성공한 사람들은 이런 비전을 가슴에 품고 있다. 사회에 기여한다고 느끼는 것은 사랑과 고마움을 느끼게 한

다. 캘리포니아 하트매스 연구소에 따르면 삶의 목적과 소명, 감사와 고마움을 가지고 있는 사람들은 면역체계가 향상되어 건강해진다고 한다. 필수 화학 작용이 증가하고 물리적 활력이 증대되어 스트레스와 호르몬 고혈압, 불안, 죄의식, 탈진이 줄어들고, 당뇨병의 혈당 조절이 개선된다. 헌신은 사랑이니 마더 테레사 같은 수녀님은 심장 박동이 매우 조화로워 이런 사랑이 가득한 분이 한 분만 있어도 심장의 자기장이 뇌의 자기장보다 5,000배나 강력하여 자기장의 범위가 우리 몸 바깥 1미터 안팎에까지 미친다는 사실을 밝혀냈다. 마더 테레사 수녀님의 영화만 봐도 심장박동이 안정되는 것은 마더 테레사 효과라고 불릴 만큼 강력하다.

미라클맵은 사랑과 고마움을 느낄 수 있도록 삶의 목적과 소명을 쉽게 발견하게 해준다. 앞으로 사랑과 감사로 가득한 삶을 살게 해줄 미라클맵은 체내에 60조개의 세포에 영향을 주어, 기적과 같은 일들을 끌어당길 테니 계속해서 따라 해보자.

닮고 싶은 모델을 액자로 만들어라

어린 시절 꿈이 뭐냐고 물어보면 대통령, 의사, 판사, 변호사, 교사, 화가 등 여러 가지 답변을 들었을 것이다. 미라클맵은 자신이 존경하는 사람들의 자질을 그대로 보여주어 꿈을 이룬 사람들처럼 되게 만든다. 성공한 사람들은 자신이 존경하는 인물을 크게 확대해 집무실에 걸어 놓는다. 그렇게 하면 그들의 성공의 자질을 본받을 수 있고, 존경하는 사람의 특징을 자신에게도 잠재의식에 새길 수 있다.

자신이 어떤 식으로든 책이나 위인전이나 주변에서 도움을 받거나 치유를 받아서 존경하는 분들의 이름을 적어보자. 그들이 어떤 면에서 존경할만한지 그들의 특성을 적는다. 예를 들어 세계에서 가장 부자가 되고 싶고 성공하고 싶다면 빌게이츠를 떠올릴 수도 있겠다. 그는 부자이지만 전 세계의 많은 사람들에게 자선을 행하고 아프리카에 기부를 해서 많은 생명을 구하고 있다. 수많은 사람들의 생활을 편리하게 해주었고, 컴퓨터를 각 가정에 한 대씩 두도록 해서 실제로 그 기적을 이룬 사람이다. 어떤 면이 자신에게 도움이 되는지 적어본다. 그리고 실제로 그 인물의 사진을 액자에 넣어 책상 앞에 놓거나 벽에 걸어둔다.

자신이 평소에 마음속에서 가장 많이 생각하는 훌륭한 인물을 떠올린다. 닮고 싶은 사람의 사진을 구하여 액자를 하나 사서 벽에 걸거나 미라클맵 노트에다 붙일 수도 있다. 가능한 자주 봐야하니 자신과 가까이 둔다. 배우고 싶은 점을 철저히 자신의 것으로 만든다. 성공법칙의 하나인 닮고 싶은 모델을 가능한 자주 만나서 교류하는 철학이 있다. 성공한 사람들은 큰 성공을 한 후에도 계속해서 닮고 싶은 모델을 계속해서 만나서 교류한다. 좋은 점들을 배울 수 있기 때문이다.

이상민 작가가 가장 존경하는 인물은 도산 안창호 선생이다. 이상민 작가는 도산 안창호 선생의 사진을 이미지로 매일 보고 있다. 도산 안창호 선생이 어린 시절에 우연히 정동제일교회가 있는 골목을 지나다가 '배우고 싶은 사람은 누구든 먹고, 자고, 마음대로 공부할 수 있으니, 우리 학교로 오라.'고 권하는 미국인 개신교 선교사를 만나 구세학당에 들어가 공부를 했다. 산수, 지리, 세계사, 과학 등 새로운 학문을 배우며 새로운 세계를 접했다. 그때 교육에 대한 투철한 사명감을 가진 계기가 되었다. 이상민 작가 역시 수많은 사람들이 책을 써서 공부하고 사회에 영향력을 끼치도록 돕는 일을 하고 있다.

"죽더라도 거짓이 없어라."
"농담으로라도 거짓을 말하지 말라."
"꿈에서라도 성실을 잃었거든 통곡하고 반성해라."
"청년이 다짐해야 할 두 가지 과제가 있다. 첫째, 속이지 말라.

둘째, 놀지 말라."

"내 가죽 속에 있는 거짓을 버리고, 그 속을 참으로 채우겠다고, 거듭해서 맹세하라."

필자가 제일 존경하는 인물은 미국의 '루이스 L. 헤이'이다. 어린 시절 큰 상처를 가지고 있었지만, 긍정 확언으로 자신을 진심으로 사랑하게 되었다. 그녀는 전 세계 수많은 상처받은 사람들을 치유해주었다. 그녀의 책『치유』는 전 세계적으로 5천 만부 이상이 판매되어, 많은 사람들에게 그녀의 치유 메시지 하나로 기적이 일어나게 했다. 진심으로 자신을 사랑하게 될 때 어떤 기적이 일어나는지 몸소 실천했다. 루이스 L. 헤이 재단을 만들어 말년에는 모든 재산을 그곳에 기부를 했고, 전 세계에서 그녀에게 감사하다는 메시지가 끊이지 않고 있다. 92세에 삶을 마감하는 순간까지 평화롭게 살다가 여성적인 매력을 가지고 많은 사람들에게 긍정적인 영향력을 끼쳤다. 생각을 바꿈으로써 모든 것을 좋게 바꿀 수 있는 그녀는 다음과 같은 말을 했다.

"모든 것은 다 좋다."
"모든 것은 다 괜찮다."
"모든 것은 나의 최상의 선을 위해 움직인다."

"이 상황에서 나에게는 좋은 것만이 주어질 것이다."
"나는 안전하다."

　루이스 L. 헤이 사진을 항상 가슴에 품고, 액자에 넣고, 미라클 맵에 붙이고, 그녀의 자질을 긍정 확언으로 매일 잠재의식에 떠올린다. 실제로 그녀의 삶을 나도 똑같이 살고 있다. 작가가 되었고, 주변에 선한 영향력을 끼치기 위해 노력하고 있으며, 모든 것이 다 좋은 삶을 살고 있다.

　자신의 삶을 치유해 줄 수 있는 에너지가 생기는 사람들의 이름을 적어본다. 그들이 창조하도록 도와주었으면 하는 부분이 어떤 면인지 적어보자. 가능하면 그들의 사진을 구해서 액자에 넣어두고 매일 보면서 자질을 떠올린다.

ex)
닮고 싶은 사람 : 아브라함 링컨
긍정적 자질 : 집안이 가난했지만, 틈나는 대로 공부를 하고 책을 읽었다. 열심히 공부해서 불쌍한 사람들을 돕기 위해 변호사가 되었다. 흑인 노예를 해방시켰다.

닮고 싶은 사람 : 박지성

긍정적 자질 : 평발인데도 끈기와 인내로 끝까지 훈련했다. 겸손하고 용감하다. 예의가 바르고 모범적이다. 한국 축구 선수들의 유럽 진출의 문을 열어주었다.

· MISSON 15 · 닮고싶은 사람

닮고 싶은 사람

긍정적 자질

　행복해지려면 '이미 행복한 듯이 행복해하면' 뇌는 현실인지 가상인지 구분을 못하고, 지금 행복하다고 느낀다고 한다. 열정적인 사람이 되어 존경하는 인물의 자질처럼 되고 싶다면, 매일 닮고 싶은 사람의 액자를 보면서, 그들처럼 되어 있는 모습을 상상하고, 그들이라면 어떻게 문제를 해결했을까를 내면에 질문한다. 존경하는 사람들이 결국 역경을 이겨내고 미소를 지었듯이,

여러분도 이미 그들처럼 되어 승리한 듯이 미소를 짓자. 액자를 보면 당신도 힘이 날 것이다.

오프라 윈프리는 어린 시절 성적 학대와 인종차별을 심하게 당했다. 좋은 것을 하나도 누린 적이 없었다고 이야기할 만큼 고통으로 가득한 어린 시절을 보냈다. 오프라 윈프리가 닮고 싶은 '마야 안젤루'라는 사람은 미국 인권운동가이자, 시인이자, 소설가이자, 배우이면서, 자신의 어린 시절과 똑같은 경험을 한 위인이었다. 오프라 윈프리는 닮고 싶은 사람으로 '마야 안젤루'를 존경했고, 액자에 두고 매일 봤다. 평생 인종 차별의 굴레와 싸우고, 당당히 평등과 관용, 평화를 위해 싸우다 타계한 '마야 안젤루'는 그녀의 평생 스승이다.

아픔을 그저 조용히 참고 견딜 것인가? 아니면 적극적으로 사회에 표출해 여성들의 인권과 흑인들의 자유를 외칠 것인가? 그녀들의 선택은 적극적인 희망의 표현으로 사회 여성의 평화와 자유를 위해 해방을 선택했다.

세계적으로 이름이 알려진 인격자들은 반드시 그들이 존경하는 스승의 사진을 액자에다 걸어 두거나 품고 다닌다. 사람들에게 존경을 받고, 사회에 큰 영향력을 끼치고, 위대한 삶을 살고 있는 사람들을 찾아보자. 그들의 자질을 적고, 가급적이면 그들의 사진이나 이미지를 구해 액자에다 넣어 매일 바라보며 그들처럼 훌륭한 사람이 되겠다고 다짐하자. 미라클맵은 여러분을 반드시 그들처럼 혹은 그들보다 훨씬 더 멋진 인물로 만들 것이다

가능한 자주 눈에 띄는 곳에

미라클맵을 만들고 나면, 이제부터는 계속해서 이루고 싶은 이미지가 보인다. 그러면 그런 이미지들은 큰 그림에서 보면 큰 꿈을 이루어주기 위한 작은 단계들이다. 작은 행동을 하나씩 하다 보면 결국 큰 행동을 할 수 있다. 이루는 과정에서 자신감이 생긴다. 시냇물이 졸졸 흘러 대해에 합쳐지듯, 우리의 작은 꿈이 미라클맵이라는 이미지와 말과 글이 합쳐지면 망망대해가 되어 풍요로 넘쳐흐를 것이다. 낙숫물이 바위를 뚫게 된다. 등산객이 계속해서 밟은 바위가 계단처럼 노둣돌이 되어주듯, 지금의 미라클맵은 여러분이 앞으로 큰 꿈을 이루기 위한 GPS가 될 것이다.

우리가 여행을 갔을 때 GPS가 가라는 방향대로 가면 금방 도착한다. 만약 실수로 잘못된 방향으로 들어서면 시간을 낭비하기

도 한다. 우리에게 미라클맵은 꿈을 이루는 과정에서 시간이 낭비되는 것을 막아준다. 지도는 항상 들고 다니면서 참고하고 또 봐야지 길을 계속 나아가게 된다. 만약 나도 모르게 망각하고 있다면, 다시 만들거나 항상 귀중하게 가지고 다니면서, 목적지에 도착할 때 까지 눈에 띄는 곳에 놓고 바라보자. 반드시 꿈에 다가가 있을 것이다.

잠재의식을 움직이는 원칙에는 세 가지가 있다. 지금부터 당신의 꿈이 백만장자라면 이 말을 듣고 반드시 실행해보자.

밤에 잠들기 전에 미라클맵을 펼친다. 잠자기 전에 하는 의식은 굉장히 중요하다. 모든 성공한 사람들은 잠자기 전에 꿈을 잠재의식에 각인시킨다. 침대 머리맡이나 천장도 좋고, 침대 옆 벽면도 좋다. 미라클맵을 펼쳐서 이렇게 써 놓자.

금년 중에 나는 자산을 2배로 늘린다.
2025년 1월 1일까지 10억을 모은다.

이 글을 10억을 모았을 때의 행복하게 웃는 자신의 모습이 있는 사진 밑에 적는다. 돈을 상징하는 이미지를 구하는 것도 좋다.

금이나 지폐가 그려진 이미지를 인터넷에서 찾아도 좋다. 혹은 인쇄소에서 5만 원 지폐 크기의 종이를 재단해 달라고 하면 잘라 준다. 그것을 주문해서 뭉치 돈으로 10억을 만들 수 있다. 진짜처럼 느끼기 위해 이미 있다고 가정한다. 그러면 돈이 항상 있는 느낌이 들어 아주 풍족한 느낌이 든다. 실제로 백만장자들은 이런 식으로 시각화를 한다. '이렇게 간단한 방법이 어떻게 되지?'라고 의심할 필요가 없다. 진짜 그렇게 되니까. 진리는 간단하다. 만약 복잡한 방법이 있다면 모든 사람들이 다 천재가 되어야 했을 것이다. 그렇지 않은 사람들도 이 방법을 통해서 부자가 되었다. 중요한 것은 매일 자주 띄는 곳에다 놓고 봐야 한다는 것이다.

만약 간절히 10억을 원한다면, 6년이 아니라 3년만에 더 빠르게도 들어온다. 돈은 에너지다. 한번 해보자 하고 실천하는 사람들은 반드시 들어온다. 우주는 모든 것을 믿으면 이루어주고, 믿지 않고 의심하면 더디게 한다. 부자들은 이런 식으로 미라클맵을 만든다.

미라클맵을 가능한 눈에 잘 띄고, 자주 볼 수 있는 곳에 붙이는 것은 앞서 말했던 RAS(reticular activating system) 망상 활성화 시스템기가 작동하여 오직 그것과 연관된 일들을 보여주기 위해

서다. RAS가 작동하면 오직 그 꿈과 관련된 신호와 힌트가 들어와 초점을 미라클맵으로 맞춰주기 때문이다

미라클맵을 몸에 혹은 자신의 주변에 놓고 다니는 것은 굉장히 중요하다. 꿈이 있는데 지도를 잃어버리면 목적지에 찾아갈 수 있을까? 지도는 항상 보면서 가라고 만들어졌다. 지도는 어딜 갈 때 길을 잘 모르니 참고해서 가겠다고 손에 들고 다니는 것이다.

옛 조상들이 항해를 하여 새로운 땅을 발견할 때에는 지도가 없었다. 오직 나침반 하나로 방향을 잡고 새로운 세상을 발견했다. 지도가 없을 때에도 방향을 안내해주는 나침반을 항상 손에 들고 있어야 길을 잃지 않는다. 자신에게 중요한 물건이나 지도는 항상 몸에 지니고 다녀야 한다. 미라클맵은 종이 한 장이 될 수도 있고, 책이 될 수도 있고, 아주 작은 메모가 될 수도 있다. 중요한 것은 이미지로 된 지도가 있으면 새로운 세계의 모습을 확실히 볼 수 있어서 목적지에 제대로 도착했는지 알게 된다.

미라클맵을 몸에 지니고 다니는 것은 수많은 정보의 홍수 속에서 가장 중요한 것을 먼저 인식하기 위함이다. RAS라는 망상

활성화 시스템은 뇌에서 특수 기능을 수행한다. 1초에 약 1억 개씩 밀려드는 정보의 신경 펄스를 초고속으로 분류해 중요한 것은 저장하고 그렇지 않은 것은 삭제한다. 우리가 미라클맵을 가지고 있게 되면, 몸에 지닌 미라클맵이 뇌에 전달된다.

뇌전문학자들이나 심리학자들은 다음과 같이 말한다. "RAS가 미라클맵의 꿈에 맞추어져 있지 않고, 부정적인 정보에 물들어 있으면 성공할 가능성이 줄어든다. 현실에서 무기력하고 피곤한 삶을 살게 된다고 경고한다." 뇌는 상상과 현실을 구분하지 못한다. 만약 생각, 목적, 미라클맵 없이 삶을 주어지는 정보의 홍수대로 살게 되면, 어떤 일이 벌어질까? 자신만의 미라클맵을 만들어서 꿈에 관한 중요한 정보에만 초점을 맞춘다. 매일 30분씩 시간을 내서 자신의 미라클맵에 초점을 맞춰서 상상하자. 뇌는 어떻게 믿게 될까? 뇌는 이미 여러분이 성공했다고 믿게 된다. 그 결과로 RAS로 하여금 지금 중요한 정보는 기적 지도의 꿈에 관련된 것이니 그것과 관련된 정보를 가져오도록 명령한다.

이런 과학적 원리가 숨어 있기에 가까운 곳에 두라고 계속 거듭 강조하는 것이다. 우리의 뇌와 마음은 어떤 생각에 강하게 초점을 맞추지 않으면, 과거 무의식대로 흘러가게 되어 있다. 인식하고, 의식하고, 또 보고, 다시 의지를 다지고, 결심하지 않으면, 원래의 습관대로 가려는 관성이 있다. 처음에 미라클맵을 가까이 두는 것이 쉽지 않다. 그러나 바쁘게 돌아가는 현실에서라도 꿈을 챙기는 것보다 더 중요한 것은 없다.

지금 당신이 성공한 삶을 살고 있지 못하다면, 미라클맵이 가까운 곳에 있지 않기 때문이다. 맥스웰 몰츠는 미국의 성형외과 의사였다. 그는 환자들을 치료하면서 미라클맵을 가지고 있는 사람들은 믿음이 달라서 인격도 변한다는 점을 알아냈다. 50년 동안 3천명의 실험으로 내놓은 결과로 그에 의해서 수많은 사람들이 대성공을 거두었다. 모든 성공한 사람들이 공통적으로 미라클맵에 대한 이야기를 하는데, 왜 이 간단한 방법을 쓰지 않을 수 있겠는가? 내 주변의 많은 분들도 꿈과 성공을 향해 간다. 그 중에서 특출하게 결과를 내는 사람들은 전부 미라클맵을 가지고 있다. 미라클맵은 방향을 제시한다. 그것도 매일 보고 소리 내어 읽고, 수시로 바라보는 사람과 아무것도 하지 않는 사람은 결과가 다르다. 만약 지금의 삶과 다른 방향으로 변화를 주고 싶다면 미라클맵을 만들어서 가까운 곳에 두고 상상하자. 아주 작은 습관을 조금씩 실천하다 보면 쉽게 인생이 바뀔 수 있다.

목표를 처음에는 높게 잡지 않는다. 할 수 있는 목표 하나를 만들어서 그것을 성공하게 되면, 이미 첫 단계에 들어선 것이다. 계속해서 뇌가 해내는 것을 믿게 잠재의식에 명령을 내린다. 그렇게 하다보면 관련된 것들이 무수한 정보로 다가와서 꿈을 이루는 다음 단계를 알려줄 것이다. 원자가 모여서 분자 구조를 만들어내듯, 아주 작은 미라클맵 습관이 놀라운 결과를 이뤄낸다. 지금 당장에 이루어지는 꿈도 있고, 시간이 더 걸리는 꿈도 있지만, 중요한 건 하나씩 하나씩 모두 이루어진다는 것이다.

우리는 알게 모르게 미라클맵의 방향대로 살고 있다. 마음 속 강하게 인식되는 미라클맵 하나로 바라는 일을 하게 되고, 가고 싶은 곳을 여행하게 되고, 만나고 싶은 사람들을 만나게 된다. 꿈이 많은 것은 좋은 현상이다. 욕망이 강하게 있다는 것은 열정이 많다는 뜻이다. 열정을 성취하여 꿈을 이루면, 그 꿈을 주변에서 본받아 따라하게 된다. 그러면 꿈을 이룬 사람들은 누군가의 롤모델이 되어 도움을 주게 된다. 꿈의 선순환이 되면 사회가 더 행복하게 되어 의식이 환해진다.

자기 계발의 대가인 사람들이 왜 미라클맵을 만들어 자주 보이는 6개의 공간에다 붙이라고 했을까? 꿈은 자신의 성장을 위해 중요하기 때문에 의식하지 않더라도 집안의 곳곳에 붙여 놓으면 잠재의식에 잘 새겨지기 때문이다. 잠재의식이 이것을 사실이라고 받아들이면 즉각 실현시킬 준비를 한다.

의식적으로 접하는 정보는 무한한 기회의 씨앗이다. 이 씨앗이 우리의 인생을 좌우한다. 미라클맵를 가지고 있는 의식은 현실에서 접하게 되는 무수한 정보 속에서 여러분의 명령에 따라 필요한 것을 확대해서 생활 곳곳에 보여준다. 의식을 어디에 맞출까가 굉장히 중요하다. 어디에 초점을 맞추느냐에 따라 기회의 양과 질이 완전히 달라진다. 미라클맵의 꿈에만 계속해서 의식을 집중하기 위해 집안 곳곳에 꿈의 미라클맵을 붙여 놓는 것이다.

잠재의식은 미라클맵을 매일 무의식적으로 접해도 뇌에 레이더가 붙어 있는 것처럼 모든 곳에서 미라클맵의 해답과 관련된 정보를 찾게 될 것이다. 지하철을 타도 보이고, 텔레비전을 보면서도 관련된 이미지만 보이고, 타인과의 사소한 대화에서도 보일 것이다.

카페 회원님이 미라클맵을 만들어 방과 거실에다 붙여 놓았더니, 그분의 어머니도 똑같이 만들어 온 가족이 함께 꿈을 이루기 위해 협력하는 사이가 되었다고 한다. 나도 둘째 초등학교 명예교사로 동아리 활동에서 봉사할 때 아이들에게 미라클맵을 그리게 하였다. 꿈이 확실한 아이들은 역시 적절한 이미지들을 아주 정확히 잘 찾아냈다. 소원을 이루는 제목 10글자도 너무나도 잘 쓰는 것을 보면서, 그들의 꿈은 반드시 이루어진다고 말해주었다.

화장실 거울, 천장, 냉장고, 현관 문, 방문, 침대 옆, 책상 앞, 컴퓨터 화면, 자동차 계기판, 휴대폰, 지갑, 다이어리, 옷장, 거실, 텔레비전 등 자주 바라보는 곳에다 미라클맵을 붙인다. 미라클맵을 이루고 싶다면 자주 바라보거나, 어디서든 누구에게나 정보가 올 수 있으니 마음의 문을 열어둔다. 내일의 자신과 미래의 자아는 더욱 더 강하고 힘이 넘쳐날 것이다. 앞으로 미라클맵을 만들고 난 후의 자신의 미래는 무엇이든지 오늘보다 훌륭해질 것이다. 늘 긍정적인 생각과 말로 미라클맵을 떠올린다.

마음에 끌리는 일이 미라클맵과 관련된 것이면, 당신은 무엇이든 곧바로 시작하게 된다. 미라클맵을 마음속에 분명하게 떠올리는 일은 여러분을 통해 실현될 것이란 약속을 받는 것과 마찬가지다. 항상 꿈을 떠올리고 과감하게 도전하다 보면, 미라클맵에 "이루어졌음. 기적임."이라고 써 놓을 날이 올 것이다. 어떤 일이 있어도 자신의 꿈이 이루어질 것이라고 믿자. 믿음은 잠재의식에 강하게 각인될 때 생겨나니, 반드시 자주 보이는 곳에다 미라클 맵을 붙인다.

부정적인 인식 지우기 호오포노포노 정화

사람마다 과거의 무의식이 다르고 살아온 역사가 다르다. 만약 과거의 기억들이 전부 어둠으로 가득 차 있다면, 잠재의식이 미라클맵의 꿈을 실현시키는데 저항이 뒤따른다. 무의식을 통째로 정화하는 좋은 방법이 있다. 고대 하와이인들이 썼던 '호오포노포노'라는 정화법이다. '호오포노포노'는 과거의 기억들의 잘못된 각본들을 지우고, 현재 지금의 평화를 이루게 하여 원하는 것을 강력하게 끌어당긴다. 기본적으로 네 가지 말을 무의식의 신성에게 요청한다. '미안합니다. 감사합니다. 사랑합니다. 용서하세요'다. 이 네 가지 말을 만트라처럼 외운다.

삶이 변화하기 위해선 기존의 방법이 효과가 없었으면 바꿔야 한다. 똑같은 사고방식으로는 달라지는 것이 없다. 미라클맵을 만들고 '호오포노포노'로 정화를 하여 자신에게 해로운 무의식의 기억을 깨끗이 지우자. 그러면 미라클맵이 더 잘 이루어질 것이다. 기존에 풀리지 않는 문제를 똑같은 과거의 방식으로는 풀지 못한다. 우리가 해결해야 할 과제들을 풀지 못하고 또 다른 문제가 발생하면, 과거에 믿음 시스템에서 벗어나기 위해서는 그것을 끊거나 돌파해야 한다. 정면으로 새롭게 부딪히면서 새로운 방법을 찾아야 한다.

우리가 보는 모든 것은 내부의 마음 사진이다. 다른 사람들은 기적을 잘 보고 있는데 왜 아직 나에게는 안 올까? 생각이 든다면 정화를 한번 해보길 바란다. 계속해서 인식하기 위해서 잘 보이는 곳에다 네 가지 정화의 말, '미안합니다. 감사합니다. 사랑합니다. 용서합니다.'라는 말을 붙여 놓는다. 공간에 깃들어 있는 에너지도 정화될 것이다.

미라클맵을 관장하는 내면의 무한 지성이 여러분의 모든 것을 알고 있다. 신성한 존재인 무한 지성은 여러분이 어떠한 것이든 요구하면 다 들어주려고 한다. 하지만 과거의 여러 기억 때문에 간섭이 일어나면 이렇게 무의식에게 정화를 요청해 보는 것도 좋은 방법이다.

"나는 나를 분노하게 하는 것이 무엇인지 잘 모릅니다. 어디에서 왔는지도 모릅니다. 이 분노에 대해 의식하지 못한 것을 용서해주십시오. 나를 치유하고 정화해주셔서 감사합니다."

미라클맵이 우리에게 이루어지기 위해서는 내면을 깨끗이 자주 정화할 필요가 있다. 지금까지 자기계발서를 수도 없이 읽었고, 좋다는 것을 많이 따라 해봤지만 효과가 없었던 분들은 이 정화의 과정이 절실히 필요하다. 미라클맵의 꿈이 더디 온다고 생각되면 반드시 정화 의식을 해야 한다. 명상은 생각과 마음을 비워 순수하고 맑은 깨끗한 의식 상태를 만든다. 명상을 자주 하면 미라클맵이 실현되는데 큰 도움이 된다.

조 비테일 박사는 노숙자에서 어마한 부자가 될 수 있었던 것을 끊임없이 정화하고 또 정화를 해서 기적 지도를 이루었다고 한다. 10년 동안 했는데 지금도 여전히 정화를 자동적으로 하고 있다고 한다. 그러니 무의식이 정화되어 바라는 모든 기적 지도의 꿈이 이루어진다. 하와이의 휴렌 박사는 호오포노포노 정화법으로 정신병자들을 어떠한 조치도 취하지 않고 4가지 정화 언어로 과거의 기억을 정화시켜 치유했다.

완벽하지 않아도 된다.

미라클맵은 우리가 간절하게 소망하기 때문에 이루어진다. 소망하면 행동하게 되어 있고, 설사 그 행동이 처음에는 어설프더라도 나중에는 하나씩 이루어나가는 과정에서 완전체가 된다. 처음 시작하는 사람들이 완벽한 결과를 바라는 것은 우주의 이치에 맞지 않다. 처음에는 작게 하나씩 이루는 것을 목표로 해서 크게 점차 이루어가면 된다. 만약 처음에 다른 사람들처럼 잘 안된다고, 시작하는 자신을 책망하거나 못했다고 나무라면 안 된다. 만약 시작을 했다면 이미 행동을 한 것이다. 우주는 기적이 이루어지는 쪽으로 움직인다.

미라클맵을 만드는 방법을 제시했지만, 꼭 그렇게 해야 한다는 법칙은 없다. 자유롭게 자신이 기분 좋은 대로 달력이나 전단지에다 만들어도 된다. 중요한 계약을 그릴 때 어떤 사업가는 종이가 없어서 카페에 있는 휴지에다 쓰기도 한다. 도구는 중요하지 않다. 중요한 것은 미라클맵을 반드시 이루겠다는 마음가짐이다.

"일체유심조이다." 부처가 이런 진리를 이야기 했다. 모든 것은 마음에 따른 생각의 결과다. 이 말을 곰곰이 생각해보길 바란다. 하나도 아니고 모든 일체가 마음에 달려 있다. 생각의 결과로 창조된다. 모든 것이 마음에 그런 기적대로 창조되는데, 일일이 신경을 다 써서 창조되는 것을 신경 쓴다면, 하루에 6만 가지의 생각이 다 현실에 반영된다는 뜻이다.

나폴레온 힐은 "소망을 이루기 위해서는 먼저 확고한 계획을 세우는 것이 좋겠지만, 더욱 중요한 일은 하나라도 소망을 이루기 위해 준비가 완전히 되지 않아도 '행동'하는 일이다"라고 했다. 물론 행동 전에 '마음속에 성취된 자신의 모습을 미라클맵으로 그리는 일'이라고 강조한다.

그렇게 하면 잠재의식이 작용하여 미라클맵을 이룰 수 있는 방향을 가르쳐줄 것이다. 그때 영감이 오거나 아이디어가 떠오르면 행동한다. 이때 행동할 때도 아직 마음의 준비가 덜 되었더라도 즉, 완벽하지 않더라도 준비가 덜 되었더라도 충실히 실행하면 된다. 미라클맵은 꿈을 이루는 첫 단계이고 과정이다.

카페의 회원님 중에 우리나라 여자 리더 1%에 드는 분이 있다. 인생에서 자신이 지금 어디로 가야 하는지 방향을 못 잡고 있던 중 미라클맵을 만났다. 처음에는 이루고자 하는 어떤 목표와 방향도 없었다. 하지만 미라클맵을 만들고 그 곳에다 "1차 진급"이라고 100번씩 100일 동안 써서 꿈을 이루어냈다. 지금은 회사에서 200명의 사람들을 이끄는 리더가 되어 사회에 큰 영향을 끼치는 중이다. 미라클맵에 붙여 놓았던 이미지대의 방향대로로, 누군가의 앞에서 따뜻하게 손을 잡아주는 리더가 되었다.

아주대 행동 심리학자 이민규 교수님은 "끌리는 사람은 1퍼센트가 다르다"고 했다. 100퍼센트 완벽한 사람은 이 세상에 없다. 오직 매력 있는 사람은 1퍼센트에 의해 결정된다.

새로운 미라클맵에 대한 청사진을 가지자. 여러분의 말과 이미지는 고요하고 보이지 않더라도 우주의 모든 것을 움직여 현실에 배달되게 한다.

보이지 않은 것을 보인다고 믿고 이미 이루어진 것처럼 행동하는 것은 현실에 나타나게 하는 힘이 있다. 바라는 것들이 떠올랐을 때에는 형식에 구애받지 말자. 일기, 휴대폰, 메모지, 수첩 달력 등. 여러분이 좋아하는 곳에다 적으면 된다. 카페의 회원님 중에 달력에다 미라클맵을 적어서 목표를 달성한다고 하는 선생님도 있다. 여러분도 지금 당장 어디든 자신의 미라클맵을 만들어보는 건 어떨까?

감정이 비밀이다

인생이 바라는 대로 모두 다 이루어지면 얼마나 좋을까? 뭐든지 생각만 하면 착착 나타나서 소원을 들어주는 요술 방망이라도 있었으면 좋겠다고 생각하는 사람들이 얼마나 많을까? 하늘에서 돈이 뚝 하고 떨어졌으면 좋겠다고 기도하는 사람들은 또 얼마나 많을까? 그런데 실제로 이런 삶을 사는 사람들이 세계 여러 나라 곳곳에 있다. 인생에서 무엇이든 되고 싶고, 무엇을 하고 싶고, 무엇을 갖고 싶은지를 미라클맵에 붙여 원하는 것을 바로 끌어당기는 사람들이 있다.

그들은 공통적으로 이렇게 말한다. 감정 상태가 좋은 주파수, 기분 좋은 상태에 있으면 내면의 진동이 오직 좋은 것만을 가져다준다고. 예를 들어 일본 납세액 1위인 대부호 사이토 히토리는 어떤 일이 일어나도 모두 다 좋은 것으로 바꾸어 버린다. 감정을 절대 상황이나 환경에 휘둘리지 않게 모두 기분 좋은 주파수에 맞춘다. 새가 지나가다가 양복에 똥을 싸도 기뻐한다. 맛이 없는 음식점에 가도 유머로 넘긴다. 그는 마음속 미라클맵의 힘을 믿는다. 어떤 이미지라도 전부 "괜찮아, 운 좋아, 풍족해, 행복해"로 넘기니 상황이 전부 미라클맵의 이미지와 말로 바뀐다. 어떤 것도 기분 좋게 넘기니 그의 사업은 항상 잘 된다. 기분 좋은 감정 주변에는 오직 기분 좋은 일들만 일어난다.

생각은 엄청난 힘이 있고 모든 것을 창조하는 힘이 있어서 하늘을 날고 싶다는 생각이 비행기를 발명하여, 수많은 사람들의 체험의 영역을 넓혀주었다. 우리 인간이 가지고 있는 생각의 에너지가 엄청난 힘을 가지고 있는데 감정을 불어 넣어 그 생각이 신념에 타오를 때 정말로 굉장한 파워가 나온다고 한다. 인간인 이상 불안이라는 감정도 있고 어두운 감정도 있지만 이 감정을 좋은 쪽으로 다 바뀌게 한다.

예를 들어 불안한 기분이 들어오면, "이 불안은 오래 지속되지 않아. 이 불안한 기분이 곧 지나가면, 좋은 일만 생길 거야."라고 스스로에게 말하면, 더 이상 나쁜 일을 끌어당기지 않고 끊어버린다. 항상 미라클맵에다가 "나는 운이 좋은 사람이야"라고 잠재의식에 새기고, 어떤 일이 있어도 운이 좋게 잘 되는 쪽으로 해결

한다. 감정을 기분 좋게 하는 것이 중요하다.

아이들은 기분 좋은 감정을 잘 느낀다. 그들은 자기가 요구하는 바를 어떻게 얻을지는 의심하지 않고, 오직 얻을 수 있다고 순수하게 요청한다. 언제가 미라클맵 노트에 이런 말을 써 놓은 적이 있었다. "나는 내 요구를 잘 채워주는 아름다운 차를 가지고 있어." 그런데 어느 날은 둘째 아이가 색도화지에다가 아름다운 차의 이미지를 오려서 붙이고, "이 차를 갖고 싶으면 잘 느끼는 것이 중요해"라고 이야기 해주었다. 그리고 나서 황갈색 색연필로 마치 땅을 달리는 듯이 생생하게 선을 그었다. 마치 차가 살아서 움직이는 듯한 느낌이 들어 칭찬을 퍼부어주면서 기분 좋은 감정을 느꼈다. 얼마 후에 우리 가족에게 딱 필요한 차가 배달되었다. 오직 기분 좋은 감정으로 미라클맵을 보고 있으면 감정에 의해 내가 원하는 것이 끌려온다.

『시크릿』의 저자 론다 번은 기분 좋은 감정이 느껴지지 않을 때에는 어떠한 메일이나 우편함을 열어보지 않는다고 한다. 오직 감정이 좋을 때에만 열어보면 좋은 소식을 알려주는 메일함이 와 있다고 한다. 그만큼 미라클맵에 있어서 기분 좋은 감정은 매우 중요하다. 이미지를 고를 때에도 아주 평화롭고 기쁘고 보고만 있어도 흐뭇한 이미지를 찾아서 붙인다. 그러면 이루어지는 속도를 당길 수 있다.

인간의 행동 가운데 10퍼센트가 의식적인 행동이고 90퍼센트가 무의식적 행동이니, 90퍼센트의 무의식을 의식하여 오직 바라는 기적대로 감정을 느끼고, 이미 받은 것처럼 행동하면 무엇이든지 이루어질 수 있다. 의식적으로 감정 느끼기 훈련을 하자. 가장 기분 좋은 감정이 나타나도록 자신의 기분을 좋게 할 방법을 찾아본다. 운동도 좋고, 자연에서의 산책도 좋고, 여행, 독서도 좋다. 기분 좋은 감정을 많이 느끼는 훈련을 한다.

알라딘의 요술램프

"주인님 세 가지 소원만 말하세요."
"무엇이든 다 들어드립니다."
"소원을 말할 때에는 이렇게 말하세요.
내 소원은 (   )이다."

요즘 흥행하는 영화〈알라딘〉의 감독 가이 리치는 어린 시절부터 가장 좋아하는 디즈니 동화가 알라딘이었다. 언젠가는 이 동화를 영화로 만들어서 아이들도 함께 볼 수 있는 영화로 만들 거라는 꿈을 가졌었다. 동화에 나오는 그림들이 미라클맵에 이미지였기에 그의 꿈은 이미 시작된 것이었다.

이렇게 미라클맵을 마음에 품으니 공시성이 발생했다. 〈알라딘〉 영화의 현장의 생생함을 전하기 위해 실제 아라비아에서 장기간 캐스팅을 진행했다. 작품의 민족성을 위해 아랍, 중동, 중앙아시아계의 발음의 악센트가 있는 배우들을 캐스팅했다. 주인공 알라딘 역할을 맡은 배우 메나 마수드는 1992년도에 태어났다. 그 해는 애니메이션 〈Aladdin〉이 나온 해다. 신기하게 공시성이 발생한 게 우연인지 필연인지. 가이 리치 감독의 미라클맵은 모든 아이디어와 영감을 우주에서 끌어당겼다.

미술 디자이너 젬마 잭슨은 영화 속 도시 '아그리바' 디자인을 모로코, 터키, 페르시아, 빅토리아 초상화, 이즈닉 타일 양식등과 문화에서 번뜩이는 영감을 받았다. 소원이 이루어지는 모든 방법이 미라클맵을 그린 가이 리치 감독의 마음에서 탄생했다.

소원을 이루는 10자의 법칙도 영화에 그대로 적용되었다. 영화를 보면서 10자의 소원 규칙을 보면서 잘 들어맞는 게 신기할 정도였다. 알라딘 메나 마수드는 영화에서 이렇게 소원을 이야기한다.

"내 소원은 왕자가 되는 거야."

이렇게 소원을 10자 근처로 정하는 것은 잠재의식이라는 우주에 가장 잘 입력된다. 잠재의식이 90퍼센트 인간의 행동을 움직이는 요소이니 잘 입력시키면 더 빨리 이루어진다. 영화에서 보면 바로 이루어지는 놀라운 법칙은 우주의 끌어당김의 법칙이다. 이 법칙은 믿음이 가장 중요하다. 요술램프라는 믿을 수 있는 보이는 물건 덕분에 신념을 강하게 가졌다. 주인공들은 마술이 일어나는 장면을 보면서 놀라곤 하는데 실제 이것은 현실이다. 동화를 만든 작가는 미라클맵의 영감으로 만들었기 때문에 우주의 원리를 정확히 알고 있다. 모든 소원은 생각으로 강하게 하고 믿고 느끼면 그 즉시 이루어진다.

공주는 평소에 미라클맵을 만들었었다. 공주는 궁전의 답답함과 자신을 제대로 용기있게 표현하지 못했다. 나라를 잘 지키지 못했지만, 백성들을 사랑하는 따뜻한 마음을 지닌 공주는 평소에 기적 지도를 마음속에 품고 때가 오기를 기다렸다. 영화 중간에 어떻게 소원을 이루는지 대사를 메모하면서 봤다.

알라딘이 왕자가 되기 위한 꿈을 이루기 위해서 지니가 소원을 들어주는 과정이 흥미진진하다. 지니가 지도에 없던 '아바브와'도 그려 주었다. 기적 지도에 그리면 반드시 현실이 된다는 교훈을 주고 있다. 실제로 그 나라가 가상에 의해 창조되어 알라딘이 왕자가 되어 공주와 행복하게 결혼하게 된다. 우주의 꿈을 이루는 아주 중요한 원리가 담겨 있다. 마음속에 품은 기적 지도는 반드시 이루어진다는 것이다.

꿈이 이루어진 원리를 제시하는 영화 대사를 보자.

"가진 게 없을 때 다 가진 척 해야 해."
"보스처럼 실제로 행동해."
"나는 알라딘이 진짜로 왕자라고 믿어요."
"소원을 말해봐. 언제든지 다 이루어 줄 테니."

미라클맵의 원리와 완전히 일치한다. 언제든지 나를(지니=무한지성, 잠재의식) 부르라는 소리는 우주의 모든 것을 관장하는 잠재의식이다. 우리가 자는 동안에도 뼈와 살과, 피와, 머리카락과, 손톱과, 모든 것을 자라게 하고 세포가 생성되게 하는 잠재의식에게 말하면 반드시 소원을 이루어주는 것은 미라클맵의 원칙이다. 우주의 법칙이고 끌어당김의 법칙이라 이 법칙에서 예외인 경우는 거의 없다. 램프는 미라클맵이다. 마음속으로 램프를 문지르면 즉, 미라클맵에 입력하면, 곧 세상에 드러나니 준비하시오라는 신호다.

소원은 구체적으로 말해야 한다. "아직 소원이 뭔지 생각 안 해 봤어"라고 알라딘은 대답하지만 지니는 어떤 것이라도 말하게 한다. "내 소원은 자유의 몸이 된다"고 지니가 자기 것을 먼저 예시로 제시했는데 지니의 소원도 결국에는 이루어진다.

자신에게 알라딘의 요술램프가 와서 소원 3가지를 빌라고 하면 무엇을 말할 것인가? 이 말은 아주 중요하다. 사람들은 자신이 뭘 원하는지 모른다. 구체적으로 3가지를 알고 있으면, 누가 물어도 3가지를 즉석에서 대답할 수 있다. 미라클맵을 이미 가지고 있어서 소원 3가지가 입에서 바로 나오는 사람은 꿈을 이룰 준비가 된 사람들이다. 100일 동안 자신의 3가지 소원을 미라클맵에 붙이고 간절히 바라고 원한다. 기적을 보게 될 것이다.

이 저항들을 걷어내고 정면으로 지금 이 순간 빈 칸에 세 가지 소원을 적고 나중에 이 책을 다시 보면 신기하게 이루어져 있을 것이다. 믿음은 잘못된 것이 많으니 지금 당장 자신이 이룰 수 있다고 믿고 적어보자. 나의 3가지 소원은 무엇인가?

· MISSION 16 · **미라클맵의 3가지 소원**

1. 내 소원은 ＿＿＿＿＿＿＿＿＿＿＿＿＿＿＿＿이다.

2. 내 소원은 ＿＿＿＿＿＿＿＿＿＿＿＿＿＿＿＿이다.

3. 내 소원은 ＿＿＿＿＿＿＿＿＿＿＿＿＿＿＿＿이다.

감사는 과학이다

미라클맵의 꿈을 이루기 위해서는 평소의 감정 상태가 중요하다고 앞에서 말했다. 감정의 주파수 중에서 가장 높은 진동을 내는 것은 '감사'이다. 잠시 눈을 감고, 지금껏 살면서 가장 먼저 생각나는 감사한 일 하나를 떠올려 보자. 가슴 깊이 느껴지는 감사함의 이유를 3가지 이상 떠올려보면서 어떤 느낌이 드는지 살펴본다. 사람은 감사함을 떠올리면서 동시에 부정적인 생각을 할수 없다. 오직 좋았던 점들과 긍정적인 감정을 느꼈을 것이다.

"감사하기는 삶을 더 풍요롭고 건강하게 해주는 확실한 방법이다."라고 마시 시모프가 말했다. 감사를 미라클맵에 더하면 이루는 속도도 빠르게 할 뿐만 아니라, 긍정 에너지를 불어 넣어 좋은 기운이 가득하게 해준다. 성공한 사람들이 항상 하는 말 "꿈에 대해서 생생하게 시각화를 하고, 매일 감사하라"는 것에는 과학적 이유가 있다. 감사를 하면 긍정 기운이 가득하기에 감사할 일들을 더 많이 끌어와 결국에는 내가 원하는 꿈에 다가갈 수 있다.

월러스 워틀스가 쓴 『부자가 되는 과학』에서는 '감사하기'로책을 다 채울 정도로 감사의 중요성을 강조하면서 이야기 한다. 좋은 일들이 생겼을 때에도 감사하고, 설사 안 좋은 일이라고 생각되는 것도 감사하면, 모든 것이 다 좋은 방향으로 바뀐다. 감사하는 마음은 축복을 가져다주는 우주의 근원과 연결되는 가장 고귀한 주파수와 연결되어 있다. 우리가 주문을 걸어 미라클맵을 만들지만 이루어주는 것은 신의 영역인 것이다.

감사하는 마음을 통해 우리의 마음속 미라클맵의 이미지를 우주의 창조 에너지에 맞춘다. 가장 크게 성취를 한 사람들일수록 "운이 좋았다", "감사하기를 실천했다"는 말을 한다. 분명히 보이지 않은 무형의 뭔가가 작용한다는 것을 미라클맵을 성공한 사람들이라면 알 수 있다.

많은 사람들이 부자가 되고 싶어 하고, 성공하고 싶어 꿈을 떠올린다. 미라클맵을 만드는 사람은 반드시 성공할 수 있지만, 실제로 실천하려고 하는 사람들은 적다. 월러스 워틀스는 다음과 같이 말한다.

"모두 바르게 살아가는 사람들도 힘겹게 사는 것은 감사함을 느끼지 않아서이다. 그들은 가난에 허덕인다. 오직 감사함을 느끼는 것이 부자가 되는 과학적 방법이다."

이미 가지고 있는 것에 고마워하지 않으면 더 좋은 일을 끌어당기는데 시간이 걸린다. 불평이든 원망이든 고마워하지 않을 때 내뿜는 감정은 모두 부정적이기 때문이다. 질투든 원망이든 불만이든 '부족하다'는 느낌은 원하지 않은 것을 가져다준다. 미라클맵을 만들고 그와 관련하여 좋은 느낌, 감사함의 느낌만 느끼도록 하자. 뉴스와 모든 세상에 보이는 것들도 감사함의 이미지와 맞는 것들만 보도록 해보자.

과학자들은 감사하는 생각으로 인간의 뇌의 회로를 바꿀 수 있다고 한다. '신경가소성'이라고 하는 감사의 생각은 어떤 것들도 결국 좋은 쪽으로 바꿀 수 있게 한다. 감사는 건강에 기적을 일으키기도 한다. 뇌신경을 구성하는 뉴런이 새로운 뇌의 회로를 만들어 감사하는 감정을 몸 속 곳곳에 심어 넣어 어떠한 기적이라도 일으키게 한다.

카페에 한 회원님은 기업의 CEO다. 평소에 건강이 안 좋고, 체력이 좋지 않아서 여러 가지 운동도 해보고 병원도 다녔는데 나아지지 않았다. 카페에서 매일 미라클맵을 만들어 올리고, 시각화를 하면서 아침과 자기 전에 감사 일기를 하루도 빠지지 않고 썼다. 시작한지 500일 정도에 기적같이 건강해져서 새벽 5시에 출근해도 하루를 거뜬히 잘 보내고, 사업을 잘 할 수 있게 되었다.

그는 플랫폼 사업을 시작해서 공유경제에 이바지하기 위해서 세상에서 한 번도 시도된 적이 없는 사업을 구상해 프렌차이즈 매장을 넓혀가며 승승장구 하고 있다. 이 거대한 기업가의 비밀은 바로 감사일기라고 생각한다. 매일 미라클맵을 마음에 그리고 감사함을 잃지 않는 자세는 그 어떤 기적이라도 일으키게 한다.

감사의 중요성을 일깨우기 위해 매장에 오시는 손님들에게 『감사 메모』라는 책을 100권 사서 무료로 나누어 주었다. 또 손님들에게 일일이 정성껏 손 글씨로 '감사하다'라는 메시지도 적어 주니, 사업이 잘 될 수밖에 없다. 생각이 감사로 가득하면 뇌는 끊임없이 신경 경로를 재조정하면서 행동을 감사함의 방향으로 바꾼다.

어떤 일본의 부자는 성공학 책에서 이렇게 썼다. 나이만큼 감사를 1만 번 곱해서 하면 기적이 일어난다. 만약 지금 자신의 나이가 30살이라면 30만 번 감사하면 기적이 일어난다. 이 책을 읽은 사람들은 실천하는 사람과 실천하지 않는 사람들로 나뉠 것이다. 꿈과 부가 그렇게 빨리 이루어진다면 이 세상에 부자가 되지 않을 사람이 없다고 반문할지 모른다. 실제로 그렇게 하는 사람들이 적으니 성공한 사람들도 적다. 하지만 반드시 실천을 해보면 기적이 일어날 것이다.

여러분도 삶이 힘들고 지친다면, 미라클맵을 만들어서 감사를 실천하자. 감사는 과학이다. 우주의 모든 우리를 도와주는 근원에게 감사하는 것은 나만 잘 나서 이렇게 되었다는 교만한 마음을 없애준다. 지금 이렇게 살아서 생명을 유지하는 것 자체가 기적이다. 기적 지도에 더 많은 꿈을 그리고 감사를 실천한다면 여러분은 놀라운 기적을 계속 현실에서 체험하게 될 것이다.

여유롭고 편안한 방식으로 건강하고 긍정적인 자세로

성공의 비결은 확고한 믿음과 신념, 현명하게 설정된 미라클맵의 목표이다. 미라클맵이 있으면 어떠한 난관에도 가야 할 방향이 있으므로 흔들리지 않는다. 단호한 의지를 가지고 어떠한 꿈의 기적 지도를 이루는 것을 방해하는 것을 차단할 수 있다.

꾸물거리고 미루고 주저하는 꿈들도 미라클맵을 만들어서 보기 시작하면, 사소하고 작은 일들부터 잘 해결될 것이다. 1분 1초라도 꿈을 이루는데 머뭇거리지 않게 해 줄 것이다. 미라클맵을 만드는 사람은 힘과 성공, 평화와 건강을 얻을 것이다. 작은 일도 철저하게 해주는 능력을 줄 것이며 모든 일을 여유롭고, 평화롭게 처리하게 되고, 건강하고 긍정적인 자세를 갖도록 도울 것이다.

마크 알렌은 미국의 에크 하르트 톨레와 여러 영성과 관련된 자기계발의 출판물을 내는 대표이자 작가이다. 그도 역시 무일푼일 때 미라클맵을 만들었다. 미라클맵을 지갑에 매일 넣고 다니면서 하루에도 수십 번 "편안하고 여유롭고, 행복하고 긍정적인 방식으로 조화롭고 만족스럽게 나의 꿈을 이루어가고 있다."라고 되뇌었다. 그는 5년 후의 이상적인 삶을 미라클맵에 적으면서 다음과 같이 상상했다.

1. 베스트 셀러를 집필한다.
2. 아름다운 음악을 녹음한다.
3. 근사한 흰색 집을 가진다.
4. 성공적인 회사를 차린다.
5. 멋진 인간관계를 맺는다.

아주 간단하게 소원을 이루는 글자로 만들어 놓고, 잠재의식에 각인시켰다. 구체적으로 미라클맵을 상상할 때에는 캘리포니아 지역에 언덕 위의 하얀 집이라고 생생하게 상상하고, 멋진 인간관계를 맺는 모습의 이미지를 떠올렸다. 성공을 해도 자신의 천성이 게으르기 때문에 너무 각박하게 성공하는 것보다는 여유롭고 평화롭게 경제적으로 성공을 거두는 것을 그렸다. 주변 가족,

친구들과 넉넉하게 건강하게 보내지만 크게 일하지 않아도 모든 것이 조화롭고 균형이 잡히게 만족스럽게 꿈들이 이루어지는 것을 상상했더니 그런 방식대로 다 되었다.

항상 목표를 적을 때에는 확신에 찬 문장으로 이렇게 적었다.

"나는 지금 성공적인 회사를 키워가고 있다."
"편안하고 여유롭게 건강하고 긍정적인 자세로"

말의 힘을 절대 간과하지 말라고 마크 알렌은 말한다. 자신의 미라클맵에 '편안하고 여유롭게, 건강하고 긍정적인 자세로'라는 말을 적으면 두려움과 의심을 말을 하는 동안에 극복할 수 있다. 말이라는 것은 대단한 영적 효과가 있다. 무의식에 자주 반복하면 할수록 그대로 현실에 나타난다. 일종의 자기 암시인 셈이다.

미라클맵의 이미지와 말이 합쳐지면 거의 모든 것을 이룰 수 있다. 부와 풍요와 건강과 성공과 행복은 미라클맵과 그 지도를 설명하는 말에서 나온다. 말의 힘을 절대 과소평가하지 말자. 모든 말에는 그것에 깃든 언어의 혼이 담겨있다. 행동은 생각과 미라클맵의 이미지에서 나온다. 행동이 성공과 실패를 가른다.

인생은 정해진 길이 없다. 미라클맵을 가지고 있으면서도 계속해서 항로를 수정해야 할지도 모른다. 하지만 최종 목적지는 정해져 있다. 확고한 믿음과 확신의 말이 미라클맵과 합해지면 기적을 일으킨다.

"긍정적인 사람은 오늘 좋은 일이 있을 거라고 믿는다. 그러나 진정한 긍정의 고수는 오늘 어떤 일이 일어나든 잘 견딜 것이라고 생각한다. 그 생각이 하루를 결정할 것이다. 그 하루가 모여 평생이 된다." 이근후의 『나는 죽을 때까지 재미있게 살고 싶다』에 나오는 내용이다. 진정한 미라클맵의 고수는 어떤 일이 있어도 미라클맵이 잘 될 것이라고 믿고, 잘 견딜 수 있을 거라고 생각한다.

세계적인 화장품 회사 에스테 로더도 1인 기업으로 시작했다. 지금은 유명해져서 잘 알려져 있지만, 긍정의 고수가 되어 전 세계에서 명성을 날리기 까지 여러 난관이 있었다. 처음에 만든 화장품 케이스는 조잡했다. 품질은 좋았지만 시작은 미약했다. 하지만 그녀는 될 때까지 포기하지 않고, 백화점에서 자신의 화장품 코너를 내줄 때까지 잘 견뎠다. 마침내 입점을 따내는데 성공했다. 만만치 않은 백화점의 입점 담당자들을 찾아가서 10시간씩 기다렸다. 미라클맵은 이런 행동도 가능하게 한다. 꿈이 다 이루어진 후에는 편안하고, 여유롭고, 긍정적이고, 행복한 방식으로 꿈을 이루었다고 말할 수 있겠지만, 부단히 노력하는 과정은 결코 쉽지 않았을 것이다. 성공한 사람들은 긍정의 고수이기에 그 어떤 것도 자신의 꿈을 위해서라면 다 해낸다.

꿈이 이루어지지 않는 시간은 꿈이 영글어지는 시간

지금까지 작은 이미지라도 미라클맵으로 생각한 것이 있다면, 잘 보이게 붙였을 것이다. 하나라도 붙였으면 본격적으로 미라클맵의 꿈이 시작되었다고 생각하면 된다. 남들이 무슨 말을 하던지 간에 자신이 간직한 꿈이 이루어지면 정말 행복할 것이라고 생각하자. 실제로 미라클맵으로 꿈을 성취한 사람들은 삶의 목적을 잘 성취하였기에 아주 행복하다. 남들이 자신의 꿈에 대해서 어떻게 이야기 하든 나만은 나의 꿈을 믿어주자. 믿음과 신념이 있으면 어떤 어려운 상황이 와도 잘 견딜 수 있다.

'지금부터 일어나는 모든 일은 좋은 일이다'라는 간단한 말은 우주에 온갖 좋은 일들이 오도록 하는 말이다. 긍정적인 말은 좋은 것들이 다가오도록 스스로에게 허락해준다. 어떤 일이든 중립적이다. 우리가 거기에다 붙이는 해석이 모든 환경을 좌우한다. 매일 일어나는 수많은 일들이 오직 나에게 도움이 된다고 정한 사람과 그렇지 않은 사람들의 미래는 달라진다. 나에게 오는 모든 일들을 좋은 쪽으로 생각하는 낙천적인 태도가 삶에 도움이된다. 미래를 밝고 행복하고 긍정적이고 좋은 일 가득하게 만들것이다. 미라클맵을 만들고 꿈을 향해 가는 과정에서 여러 가지어려움이 나타날 수도 있다. 길을 가다가 넘어질 수도 있고, 문지방에 발가락을 찍힐 수도 있다. 그런 모든 일들이 자신에게 도움이 되는 것이라고 말하면 정말 그렇게 된다.

미국의 만화 영화 제작자 월트 디즈니는 만화 영화를 만들고싶은 미라클맵이 있었다. 새벽 3시에 일어나서 신문 배달도 하고, 아르바이트도 하며 꿈을 이루기 위해 노력했다. 하지만 거래처에서 큰 사기를 당했다. 미라클맵의 첫 꿈을 이루기 위해 차린 '레프오그램 만화 영화사'가 실패로 끝났다. 그는 실업자가 되었다. 한 번 실패해서 부정적인 생각이 들고 좌절했지만, 이 모든 일이꿈을 이루는 과정이라고 생각하고 털털 털어내고 일어났다. 강력한 미라클맵은 용기를 내게 도와준다. 파산 2년 후, 할리우드에갈 용기를 얻었고, 거지 같은 옷차림이었지만 할리우드에 가서보란 듯이 재기에 성공했다.

그는 아무리 어려운 일이 있어도 미라클맵을 믿고 긍정적으로 성공하기를 간절히 떠올리면서 만화영화를 만들었다. 〈미키 마우스〉를 제작할 때에는, 회사에 직원들이 디즈니를 배신하고 다른 회사로 떠났다. 그래서 투자자들도 그를 의심하여 투자금을 다시 거두어들이기까지 하였다. 하지만 월트 디즈니는 미라클맵의 꿈을 믿었고, 그것이 이루어질 것이라는 확신이 있었기 때문에 사상 최고의 성공을 거두었다.

미라클맵은 목적지를 향해 가는 과정이다. 완성을 위한 여정이다. 그 여정에서 꿈이 이루어지지 않았다고 좌절하고, 주저앉아서 평생을 과거에 머물러 자책하고, 부정적인 상상만 한다면, 과연 그의 미래는 어떻게 되었을까? 우리가 그렇게 재미있게 보았던 만화 영화 〈미키 마우스〉는 세상에 없었을 것이다.

나도 어린 시절부터 교사가 되겠다는 미라클맵을 마음에 품고 있었다. 그러나 졸업 후 유나이티드 항공사에 취직을 하게 되었다. 1등석 비행기로 전 세계를 돌아다니고, 다양한 경험을 하는 것도 좋았다. 똑같은 일의 반복이 싫증이 나던 즈음에, 방송에 출연해서 전문직 여성의 소풍 프로그램을 촬영하고 있었다. 그런데 갑자기 회사에서 통보가 왔다. '심각한 일이 벌어졌다고. 감원 조치가 내려졌다고.' 촬영을 마치고 회사로 달려가서 비보를 듣게 되었다. 2001년 9월 11일 미국에서 빈 라덴이 테러를 일으켰다. 테러가 난 항공사가 유나이티드 항공이어서 전 세계의 직원 반 이상을 감원하기로 했다.

나는 초긍정주의자라서 희망을 항상 간직하고, 언젠가는 다 잘 될 거라는 믿음이 있다. 직장을 나와서 친구들과 여행도 가고 잠시 숨을 돌렸다. 미라클맵을 잊지 않고 있었기에 선생님이 되기 위한 여러 노력을 했고, 결국 고등학교 교사가 되었다. 미라클맵은 중간에 돌아가는 듯 보여도 결국 목적지에 다다르기 위해 여러 가지 일들을 시험으로 보여준다. 그때 좌절하지 않고 미라클맵의 꿈을 이루기 위해 노력하면 반드시 목적지에 도달한다.

자신의 무한 가능성을 믿자. 이 세상에 사랑으로 태어난 우리의 존재는 모든 것을 할 수 있도록 무한 지성이 힘을 부여했다. 지금까지는 여러 가지 장애물이 있었고, 미라클맵을 만드는 방법을 알고 있어도 실천하지 않았지만, 이제는 행복을 배달해주는 유일한 도구임을 인식하고 어떤 상황이 와도 미라클맵의 방향대로 간다. 여러분이 이루고자하는 꿈을 절대 마음속에서 놓지 않을 수 있다면, 미라클맵은 반드시 당신을 꿈의 방향으로 데리고 갈 것이다.

현실주의자 보다는 이상주의자가 되어라

보이지 않는 것을 믿는 사람이 있다. 그 남자는 이상적인 자신의 삶을 그릴 줄 아는 사람이다. 자신이 10년 뒤에는 30억을 벌고, 한번 강의할 때마다 5,000만원을 벌 것 이라고 친구들에게 이야기 했다. 친구들은 "아무것도 없는 네가 어떻게 그런 꿈을 꾸니?"라고 비아냥거렸다. 그는 현실주의자가 아니라 이상주의자다. 자신이 바라는 것을 강력하게 꿈을 꾸고, 꿈을 이루기 위한 행동인 글쓰기를 했다. 실제로 10년 후에 자신이 미라클맵에 붙인 모든 꿈은 이루어졌다. 그는 수많은 사람들을 도와주는 사업가가 되었다.

10년 후에 미라클맵을 만든 사람과 만들지 않은 사람의 차이를 보면 어마 마한 재산의 차이가 나 있을 것이다. 만약 '우리가 꾸는 꿈이 커서 어쩌지?' 라고 걱정하거든, 아주 작은 꿈부터 시작한다. 현실과 이상과의 괴리감이 너무 커서 도저히 큰 꿈을 손 떨려서 못 붙이겠다고 의심하는 독자들은 일단 작은 꿈부터 손에 넣을 수 있는 물건부터 시작한다. 고대 사람들은 미라클맵을 동굴에다 그림으로 그려 큰 부자들이 되었다. 부를 이루는 방법을 알고 있고 실천한 사람들만이 풍요를 차지했다.

꿈에 대한 연구를 많이 하는 작가로서 지나가는 아이들, 어른들, 학생들에게 꿈에 대해 많이 물어본다. 하지만 자신 있게 꿈과 목표에 대해서 이야기 하는 사람들이 적다. 자신이 가야 하는 방향을 알지 못하고 표류하면 배가 산으로 갈 수도 있다. 목적지가 없는 인생의 과정이 과연 어떨까? 그날이 그날 같고 하루가 미래를 향해 불안하고 두려운 일들로 가득할 것이다. 하지만 미라클맵이 있는 사람들은 하나씩 이루는 재미가 솔솔 해서 미라클맵을 믿고 더 큰 꿈을 꿀 수 있다. 지금부터라도 보이지 않는 꿈의 세계를 믿어야 한다.

행복의 진정한 원천은 '성취'에 있다. 미라클맵을 만들고, 하나씩 이루는 가운데 기적 같은 일들도 벌어진다. 믿고 현실에 안주하여 결핍감으로 다른 사람들과 꿈을 비교하며 괴로워하지 말고, 지금 당장 꿈의 기적 지도를 만들어서 어떤 식으로든 내 눈과 마음과 영혼의 근처에 놓아두자.

02

미라클맵(MIRACLE MAP)
실전 연습

성공을 위한 미라클맵

우리가 성공하기 위해서는 우리에게 강철 같은 신념이 필요하다. 무슨 일이 있어도 자신이 성공할 수 있다는 신념을 단단한 바위처럼 강하게 가져야 한다. 강력한 신념을 갖고 있는 당신은 이미 무엇이든 행동할 수 있기 때문에 그 자체가 이미 기적이라고 할 수 있다. 성공은 삶의 다양한 과제들을 하나씩 하나씩 해결하는 데 있다. 큰 꿈을 꾸고 수많은 사람들을 돕는 것도 성공이고, 각자의 자리에서 최선을 다해서 사는 것도 성공이다. 미라클맵으로 많은 부를 갖게 되고, 어느 정도의 풍족한 삶을 살 수 있는 것도 성공이라고 말할 수 있다. 많은 사람들을 도와주는 것도 좋은 성공이라고 할 수 있다. 성공을 위해 미라클맵을 만들 때 쓸 수 있는 긍정문은 다음과 같다.

· MISSION 17 · **성공 미라클맵(10자 이내)**

1. 성공을 위한 미라클맵 _____

2. 성공을 위한 미라클맵 _____

3. 성공을 위한 미라클맵 _____

긍정문

— 나는 성공을 끌어당기는 자석이다.

— 나에게는 주체할 수 없는 자신감이 있다.

— 나는 꿈이 이루어질 것을 알기에 삶이 흥미진진하다.

— 나는 동기가 강하고 생산성이 아주 높다.

— 성공은 자연스럽게 나에게 끌려온다.

— 나는 크게 생각하고 행동한다.

— 내 목표와 꿈은 항상 이루어진다.

— 나는 모든 좋은 것들을 끌어당기는 자석이다.

— 나는 건강하고 행복하며 성공적인 삶을 산다.

— 성공은 나에게 자연스럽게 다가온다.

건강을 위한 미라클맵

이 세상에서 가장 중요한 것을 하나 꼽으라면 '건강'이라고 말하고 싶다. 프랑스 사상가 몽테뉴는 다음과 같이 말한다. "건강은 참으로 귀중한 것이다. 건강은 실제로 사람들이 땀이나 노력, 재능, 생명까지도 소비할 값어치가 있는 유일한 것이다. 그러니 건강을 위해 노력해야 한다. 건강을 주의해야 한다. 건강을 위해 충분한 시간을 배려해 주어야 한다." 세상 모든 것을 가졌다 해도 건강 하나를 잃으면 그 모든 것을 누릴 수 없다.

만약 더 건강해지기 위해서는 어떤 이유에서든 지금의 자신의 몸을 비난해서는 안 된다. 오직 바라는 이상적인 몸으로 된 자신의 몸을 칭찬해주거나 있는 그대로의 모습을 받아들이는 것에서 건강이 시작된다. 거울을 보면서 자신의 몸에 화를 내는 것은 몸의 세포에다가 건강하기 싫다고 이야기 하는 것과 마찬가지다. 건강한 몸은 일단 자신의 현재 모습을 사랑하는 것에서 만들어진다.

건강도 역시 미라클맵의 꿈에 따라 지속적으로 건강한 모습을 상상하면 이루어진다. 인간의 상상력은 사실과 거짓을 구분하지 못한다. 어떤 생각이라도 몸에 영향을 미칠 수 있다. 인간이 의식적으로든 무의식적으로든 병을 상상하면 병에 걸릴 가능성이 높다. 몸에서 스트레스 호르몬이 나와서 면역체계를 파괴한다. 반면에 건강을 지속적으로 상상하여 건강한 자신의 모습을 사랑하고 만족하고 감사하면 건강해진다. 몸에서 신경펩타이드가 나와서 면역체계를 강화한다.

건강에 가장 중요한 요소는 자신의 몸을 사랑하는 것이다. 지금 그대로의 모습을 사랑하고 인정하는 것에서 건강이 시작된다. 사랑과 감사에 넘치는 마음은 우리 몸 안에서 백혈구와 엔도르핀을 대량으로 생산한다고 의과 전문의들은 말한다. 마음속으로 항상 기뻐하고 즐거운 일을 상상하고 다른 사람들을 진심으로 사랑하면 자신의 몸과 마음도 사랑하게 되어 병에 잘 안 걸린다. 걸리더라도 금방 회복한다.

하버드 대학교의 의과대학 연구진은 다음과 같이 사랑이 건강에 미치는 영향력을 말했다. "사랑을 상상하는 것만으로도 스트레스나 병원균의 침입으로부터 보호 받는다. 면역력과 치유력이 눈에 띄게 상승한다."

· MISSION 18 · **건강 미라클맵(10자 이내)**

1. 건강에 관한 나의 소원은 _____

2. 건강에 관한 나의 소원은 _____

3. 건강에 관한 나의 소원은 _____

다음으로 이상적인 몸매와 몸무게 건강한 몸이 되었을 때 어떤 상황이 펼쳐질까? 이상적인 건강의 장면을 적어보자.

_____

왜 이상적인 건강과 외모를 가지지 못하는지 그 이유를 적어보자

_____

이제는 더 이상 그렇게 생각하지 않고 새롭게 변화할 것이라고 선언한다. 다음과 같은 건강에 관한 긍정문을 미라클맵에 써 넣는다.

— 나는 항상 건강에 좋은 선택을 한다.
— 나는 내 몸을 사랑한다.
— 나는 내가 살아있다는 사실에 감사한다.
— 완벽한 건강은 나의 신성한 권리다.
— 나는 건강한 몸에 감사한다.
— 건강으로 가는 가장 빠른 길은 기분좋은 생각을 하는 것이다.
— 행복한 생각을 하면 내 몸이 건강해진다.
— 나는 깊게 그리고 충분히 호흡한다.

아름답고 멋진 몸매를 위한 미라클맵

미라클맵은 어린 시절 종이로 오리고 붙이는 놀이라고 생각하면 된다. 그런데 이 활동이 실제로 자신의 꿈을 이루게 해주리라는 생각은 안 해봤을 것이다. 이제는 미라클맵에 대해 알았으니 아름답고 멋진 몸매를 위한 기적 지도를 만들어 보자.

잡지나 인터넷에서 자신이 바라는 이상적인 모습의 몸매를 가진 사람의 이미지를 찾는다. 구체적이고 사실적인 그림이나 사진을 찾자. 이것이 가치가 있는 이유는 분명하고 뚜렷한 이미지가 목적에 집중하고 끌어당기게 해주기 때문이다. 건물 건축에 설계도가 필요하듯이 우리 몸에도 설계도가 필요하다. 지금의 모습도 아름답지만, 더 아름답고 건강하게 나이가 들수록, 더욱 더 건강하고 아름다운 몸매를 유지하기 위한 미라클맵을 만들자.

미라클맵은 목적이 완전히 실현된 이상적인 장면 속으로 인도해주는 이미지여야 한다. 미라클맵에는 삶의 영역 중에서 한 가지 목표만을 넣는다. 여러 가지 목표가 같이 들어있으면 잠재의식이 혼동한다. 그래야 다른 요소를 담으면서도 복잡하지 않게 만들 수 있다. 한 번에 넣는 것이 아니라, 영역별로 한 번에 한 개의 목표만 붙인다. 목적을 전부 담을 때보다 하나의 영역에 분명하게 집중할 수 있다. 이 방법이 가장 효과적이었다. 관계, 직업, 영적인 면, 봉사, 몸매, 건강, 여행, 여가 등 세세히 분류해서 한 번에 한 가지 목표만 이미지에 넣는다. 집중과 RAS에 의해 더 잘 이루어지기 위함이다.

미라클맵은 자신이 보기에 가장 편안한 크기로 만들면 된다. 형식이 없다. 어떤 방법도 지금 당장 편안하고 즐겁게 만들 수 있으면 된다. 미라클맵을 공책에다 만들어도 되고, 스케치북, 전단지, 전지, 벽, 거울, 화이트 보드, 명함, 등 어디에다 만들어도 좋다. 벽에 붙여 둘 수도 있고, 호주머니에 들고 다녀도 좋고, 책으로 만들어 매일 책을 보듯이 '미라클북'으로 만들 수도 있다. 가벼운 것도 좋고, 액자도 좋다. 어떤 식으로든 이미지를 붙일 수 있는 곳이면 좋다. 창의적으로 만들면 된다.

"이것 혹은 이것보다 훨씬 더 좋은 방법으로 나와 주변의 행복을 위해서 조화롭고 만족스럽게 기적 지도가 이루어진다. 편안하고 여유로운 방식으로 건강하고 긍정적인 자세로!"

· MISSION 19 · **몸매 미라클맵(10자 이내)**

1. 몸매에 관한 나의 소원은 _____

2. 몸매에 관한 나의 소원은 _____

3. 몸매에 관한 나의 소원은 _____

긍정문

— 나는 정말 사랑스러운 사람이다.

— 나는 친절하며 정도 많고 아름답다.

— 나는 건강하고 재능도 많고 지적이다.

— 나는 정말 아름다운 사람이다.

— 나는 날마다 매일 모든 면에서 나아지고 있다.

— 나는 날마다 좋은 일이 생기고 있다.

자기 이미지와 내면의 대화를 위한 미라클맵

우리 내면에는 부정적인 말이 많다. 특히 자기 대화는 스스로를 칭찬해주고 공감해주기 보다는 비난하고 자책하고 자학하는 때가 종종 있다. 어린 시절 여러 환경에서 들은 이야기들은 사실이 아님에도 불구하고 우리는 믿었다. "난 못 해. 나는 사랑받을 자격이 없어. 잘하는 구석이라곤 요만큼도 없어. 나는 실패자야. 나는 해내지 못할 거야"등등 얼마나 많은 시간을 자기 이미지에다 부정적인 내면의 대화를 심었는가?

우리는 거의 한순간도 쉬지 않고 내면의 대화를 나누고 있다. 마음이 분주하게 말을 걸어오는데 부정적인 말을 할 때가 많다. 문제에 대해서 걱정하고 곱씹고, 불안해하면서 얼마나 많은 감정 소모를 하고 있는가? 마음속에서 흐르고 있는 말과 생각을 미라클맵의 꿈의 목표에 초점을 맞춤으로서 이제는 긍정문으로 대화할 필요가 있다.

자기 이미지는 내면의 대화에서 나온다. 이제부터는 미라클맵을 알았고, 긍정문으로 바꾸는 법을 알았으니, 내면의 대화를 '아, 너무 힘드네. 제때에 못 끝내면 어떻게 하지?'라고 걱정하지 말고, 활짝 웃으면서 제대로 기한 내에 과제를 제출하는 자기 이미지를 내면에 새긴다. 부정적인 내면 대화를 하면 내가 이 일을 망칠 수 있는 수백 가지 방법을 떠올린다. 마음이 당연히 불안해질 밖에 없다. 이제는 자기 이미지를 자신감 강하고 당당한 이미지로 붙이고 바꾸고 새로운 내면의 대화를 바꾸자.

철학자 마르쿠스 아우렐리우스는 "앞으로 혹시 분노가 치밀거든 '나는 불운하다'라고 생각하지 말고, '이걸 잘 이겨내면 반드시 큰 행운이 올 거야'라고 생각하라고 했다. 미라클맵에는 자신의 이미지가 아름다워서 즐겁고 행복한 느낌의 이미지만 붙인다. 원하는 것을 떠올리고, 원치 않은 것들을 잠재의식에서 제거할 때 우리는 미라클맵에 떠올린 모든 이미지를 다 이룰 수 있다.

이제부턴 자신의 내면의 대화를 전부 아름다운 이미지로 바꾼다. 그렇게 하려면 미라클맵의 이미지는 자연의 아름다움이나 경이로움이 담겨져 있는 것이 좋다. 그리고 긍정화문에는 자신을 있는 그대로 사랑하고, 오직 좋은 일만이 생길 것이란 긍정 암시를 해준다. 미라클맵은 내면의 대화를 긍정으로 만들 수 있다. 오직 자신의 꿈을 생각하면 이미지들이 꿈과 관련하여 필요한 것들만 오게 된다. 그때 그런 것들을 끌어당기는 자신을 칭찬하자.

자기 이미지에 대한 긍정 선언, 긍정 확언, 긍정 단어, 긍정화, 자기 긍정은 매우 중요하다. 우리의 무의식과 잠재의식에 단단하게 심어줄 이미지는 오직 자신에 대한 칭찬, 아름다움, 희망, 사랑, 감사, 기쁨, 건강, 행복이어야 한다. 만약 여기에 반감이 가면, 내면의 대화가 부정적인 것이 너무 많다는 뜻이다. 이런 성향일수록 미라클맵을 더 만들어야 한다. 소망하는 것을 확실하게 얻는 체험을 많이 해야만, 자존감이 높아지고 자기 이미지도 좋아진다.

미국의 16대 대통령 링컨도 어려웠던 가정환경에도 불구하고 자기 스스로의 내면 대화를 긍정으로 전부 바꾸었다. 스스로를 존중하고 높이 평가하고, 시민들에게 자신이 존경받을 만한 사람이 되겠다는 일념으로 인권 변호사가 되었다.

자기 이미지와 아름다움에 관한 긍정 단언에 관해 도움이 될 문장을 소개한다. 이미지를 붙이고 그 밑에다 다음에 말들 중에 마음에 와 닿는 말을 골라서 컴퓨터 사인펜으로 꼭꼭 눌러서 보이게 쓴다. 한 문장을 쓰는 이유는 너무 많으면 잠재의식에서 바로 기억해서 긍정이 내면에 대화에 나오는 것을 방해한다. 한 가지 말을 골라서 수천 번 보는 것이 잠재의식에 더 각인이 잘 된다.

자기 이미지 미라클맵(10자 이내)

1. 자기 이미지에 대한 나의 소원은 _____

2. 자기 이미지에 대한 나의 소원은 _____

3. 자기 이미지에 대한 나의 소원은 _____

긍정문

— 나는 사랑이 넘치고 사랑스럽다.

— 나는 사랑 받을 자격이 있다.

— 나는 나 자신을 사랑한다.

— 나는 사랑을 표현한다.

— 나는 어디에 있든지 사랑을 끌어당긴다.

— 내가 진정한 나일 때 사람들은 나를 사랑한다.

— 나는 나 자신을 완전히 받아들인다.

— 내 삶의 주인은 바로 나다.

— 필요한 모든 것이 이미 내 안에 있다.

— 나는 지혜로운 사람이다.

— 나는 온전하고 완전한 존재다.

— 나는 강하지만 따뜻한 사람이다.

— 나는 적극적으로 나를 표현하며 살고 있다.

— 나는 평온하며 마음의 중심을 잘 잡는다.

— 살아있다는 그 자체만으로 행복하다.

— 내 내면의 빛이 삶에 기적을 만들어내고 있다.

— 나는 감정적으로 자유롭다.

친밀하고 사랑 가득한 관계 미라클맵

우리는 태어나자마자 관계 속에서 산다. 누구나 세상과 관계를 맺기 때문에 개인적인 관계는 우리의 삶에서 가장 우선순위를 차지한다. 우리가 관계에서 어려움을 겪는 이유는 대부분 스스로를 사랑하지 않아서다. 먼저 자신과의 관계가 좋은 사람들은 타인과의 관계에서 겪는 괴로움이 적다. 개선해야 할 첫 번째 관계는 자신과의 관계이다. 하루에도 몇 번씩 자신을 들여다보면서 "있는 그대로의 나를 사랑한다."라고 마음속으로 대화를 해야 한다. 아침에 일어나자마자 화장실에 가서 거울을 보고, "나는 너무 예뻐. 나는 너무 멋있어. 나는 사랑스러워, 나는 뭐든지 오늘 잘 해낼 수 있어"라고 칭찬을 해야 한다. 만약 스스로를 사랑할 수 없다면 다른 사람들과의 관계에서 어려움을 겪게 된다. 여러분이 자신과 맺는 관계가 행복해질 때 다른 모든 관계가 개선될 것이다. 미라클맵에 오직 이상적인 관계로 바라는 모든 것이 이루어졌을 때의 행복한 모습의 이미지를 찾아 붙인다.

행복한 사람은 다른 사람들에게 매우 매력적으로 보인다. 만약 스스로 행복하고 다른 사람들에게 매력적으로 보이고 싶고, 자신을 좀 더 사랑하기를 바란다면, 지금 당장 미라클맵을 만들어 매일 그 지도를 보면 된다. 자신을 사랑하고 싶지 않을 때에도 원하는 이상적인 관계에 초점을 맞추라. 뇌는 상상을 현실로 착각하여 곧 멋진 관계를 끌어다 줄 것이다. 멋진 사람들이 주변에 나타나고, 나를 도와주는 사람들이 생기며, 하루가 더 보람차고 사랑에 가득찰 것이다.

자신을 사랑하는 데 끊임없이 노력을 기울이라고 말하고 싶다. 자기 자신과 사랑에 빠지는 사람은 세상 그 어느 것도 부럽지 않다. 〈시크릿〉영화의 주인공, 밥 프록터는 자기 자신을 너무 사랑하여 때로는 손등에다 뽀뽀를 하고 싶을 정도라고 한다. 왜냐하면 이 세상은 나의 투사체이고 환경은 전부 나를 반영하는 것이므로 나를 사랑하게 되면 주변의 모든 것들이 다 사랑스러워 보인다.

만약 마음속 깊은 곳에 외롭다는 생각이 있다면 자신과 주변과의 관계가 외롭다는 증거들로 가득 찰 것이다. 이런 관계는 모든 사람들이 원하지 않는다. 사랑과 로맨스에 관한 부정적인 생각을 없애고, 이제는 미라클맵을 만들고, 스스로를 사랑받을 자격이 있다고 믿자. 내면의 대화를 긍정으로 바꾸고, 사랑에 대한 가치 있는 존재로 스스로를 인식하게 될 때, 주변은 사랑으로 가득 찬 세상이 펼쳐질 것이다. 당신이 진실로 자신을 있는 그대로 사랑하게 될 때, 당신은 중심이 잡히고, 흔들리지 않으며, 내면이 고요하고, 안정적이며, 직장은 물론이거니와 가족 구성원들과의 관계도 행복하게 변한다.

이제 새로운 관계를 맺기 시작해서 과거에 도움이 되지 않았던 관계들은 저절로 사라질 것이다. 새로운 사람들이 사랑을 가득 담아서 내 앞으로 오기 시작하고 멋진 관계가 펼쳐질 것이다. 그 시작은 먼저 자신과의 관계를 사랑으로 가득 채우는 것이다. 마음속의 기적지도가 명확히 사랑하는 관계로 가득차면 일단 밖으로 나가서 사람들을 만나보자. 분명 원하는 친밀하고 사랑이 가득한 사람들이 내 삶으로 마치 자석처럼 끌어당겨질 것이다.

· MISSION 21 · **관계 미라클맵(10자 이내)**

1. 내가 사랑하는 관계는 ＿＿＿＿＿＿＿＿＿＿＿ 이다.
2. 내가 사랑하는 관계는 ＿＿＿＿＿＿＿＿＿＿＿ 이다.
3. 내가 사랑하는 관계는 ＿＿＿＿＿＿＿＿＿＿＿ 이다.

긍정문

— 나는 사랑의 눈으로 명확하게 본다.

— 사랑은 어디에나 있다.

— 나는 이 세상에 나 자신을 더 사랑하러 왔다.

— 내가 내뿜는 것은 다시 나에게로 돌아온다.

— 사랑은 모든 곳에 존재한다.

— 내 존재의 중심에는 깊은 사랑의 우물이 있다.

— 나는 사랑이 모든 문을 열어 준다는 것을 안다.

— 나는 어딜 가든지 사랑의 인사를 받는다.

— 나는 건강한 관계만을 끌어당긴다.

— 나는 항상 좋은 대우를 받는다.

— 나는 사랑과 감사, 기쁨을 어디에서나 발견할 수 있다.

— 내 삶은 오래 지속되고, 사랑하는 관계로 삶이 빛난다.

— 나는 내가 맺고 있는 모든 관계에서 행복하다.

— 나는 많은 사랑을 주고받는다.

직장을 위한 미라클맵

매일 아침마다 출근하고 일을 시작하면서 다음과 같은 감정을 느낀다면 삶이 얼마나 풍요로워질까?

"내 직장과 일은 평화로운 안식처이자 신성하다."
"나는 내 직업을 사랑으로 축복한다."
"나는 일하는 모든 곳에 사랑의 메시지를 보낸다."
"내 직장은 따뜻함과 편안함과 사랑으로 보답한다."
"나는 내 직장에서 평화롭다."

내가 아는 사람은 직장에서 불평을 많이 해서 하는 일마다 잘 안 풀린다고 했다. 뭘 하든지 성사되는 일이 없어서 짜증만 냈다고 했다. 그때 성공에 관한 책을 읽고, 미라클맵을 만들고, 모든 말과 생각을 긍정적으로 바꾸라는 공통된 성공학에 대해서 실천하기 시작했다. 그런데 실제로 그렇게 미라클맵을 만들고, 긍정적으로 말을 하기 시작하자, 경제적인 풍요는 물론 하는 일이 모든 다 잘 되고, 미라클맵에 쓴 꿈이 하나도 빠지지 않고 다 이루어졌다고 했다.

많은 사람들이 직업에서의 성공하는 것과 마음에 딱 맞는 직장을 얻길 원한다. 정신적 환경을 바꾸지 않고선 풍요로운 삶을 살게 해주는 직장에서의 성공은 시간이 걸린다.

· MISSION 22 · **직장 미라클맵(10자 이내)**

1. 나의 직장에서는 _____

2. 나의 직장에서는 _____

3. 나의 직장에서는 _____

긍정문

― 내가 새로운 직장이 필요할 때는 내게 쉽게 나타난다.
― 내가 직업에서 갖는 기쁨은 내 전체 행복에 보탬이 된다.

— 나는 아침에 일어날 때 좋은 하루를 계획한다.

— 직장에서 동료와 나는 서로의 성공과 성장을 위해 격려해준다.

— 직장에서 쉬는 시간에 다른 사람들에 대해서 긍정적으로 대화한다.

— 나는 권위 있는 사람들을 쉽게 다룬다.

— 나는 함께 일하는 사람들을 사랑으로 축복한다.

— 나는 성공적인 직업을 가질 자격이 있다.

— 나는 내가 하는 모든 일에서 성공한다.

— 나는 무한한 잠재력이 있다.

— 나는 직장에서 일하는 것이 좋다.

— 나와 동료는 서로를 존중해준다.

— 내 일로 나는 돈을 자석같이 끌어당긴다.

— 나는 지금 내가 사랑하는 일을 한다.

가족과 친구들을 위한 미라클맵

동양의 고전인 〈논어〉에는 즐거울 낙(樂)자와 기쁠 열(悅)자가 많이 등장한다. 공자가 우리에게 권하는 삶은 가족과 친구들과 즐겁고 기쁜 관계이다. "먼 곳에서도 벗이 스스로 찾아오니 즐겁지 아니한가"라고 공자는 말했다. 그 정도로 벗과 가족과 즐거운 관계를 열락으로 표현하며 소중하게 생각했다. 인간은 혼자 살 수 없다. 타인과의 관계를 맺으면서 즐겁고 기뻐하는 마음으로 사는 것이 매우 중요하다. 가족과 친구들과 기뻐하는 마음이 우리의 삶의 질을 결정한다.

미라클맵을 만들면 가족과 친구들을 위해 긍정적이고 행복한 점들이 보일 것이다. 사람들은 자신에게 잘 대해주는 사람들을 좋아한다. 가족과 친구들에게도 노력이 필요하다. 어떤 관계가 이상적일지 생각해보고 미라클맵에 이상적인 가족과 친구의 이미지를 붙이자. 가족이나 친구들에게 편하다고 함부로 대하고 소홀히 대했던 것을 후회하고, 세상에서 둘도 없는 소중한 존재로 인식하게 될 것이다. 행동 하나, 말 한마디에도 조심성이 들어있고, 정성을 들이게 해주는 미라클맵을 만들면 가족과 친구가 즐겁고 기쁘게 바뀌는 것을 알 수 있을 것이다.

미라클맵이 다른 시각화 자료들과 차이가 나는 점은 특정 삶의 주제에 대해서 집중적으로 다룬다는 것이다. 삶의 모든 영역에 대해서 한꺼번에 모은 비전 보드나 콜라주와는 다르다. 미라클맵은 삶의 특정 영역, 만일 지금 가족과 친구들과의 관계를 더 사랑스럽게 만들고 싶다면 그것만 집중적으로 만든다. 일단 그 영역이 해소되고 나면 다른 영역으로 옮긴다. 삶의 영역들은 다양하지만 가장 소중한 관계들은 가족과 친구들이다. 이 관계를 우선 행복하게 해두면 다른 모든 관계 또한 개선된다.

· MISSION 23 ·　**가족과 친구들을 위한 미라클맵**(10자 이내)

1. 소원 _____

2. 소원 _____

3. 소원 _____

긍정문

— 나는 용서를 통해 사랑을 실천한다.

— 나는 어린 시절 상처가 사랑으로 바뀌게 한다.

— 나는 내 가족을 지금 바로 있는 모습 그대로 받아들인다.

— 나는 용서를 뛰어 넘어 이해의 단계로 들어선다.

— 나는 과거에 나에게 잘못을 한 모든 사람들을 용서한다.

— 나는 그들을 사랑으로 자유롭게 놓아준다.

— 가족과 친구들과 좋은 관계를 유지한다.

— 내가 성공하는 것은 가족이나 친구들에게도 좋은 일이다.

— 기쁨과 즐거움은 가까이에 있다.

— 가족과 친구들과 기쁘고 즐거운 관계를 맺는다.

— 내 친구들과 가족들은 모두 평안하다.

여행을 위한 미라클맵

소설가 토니 모리슨은 1993년에 노벨 문학상을 받았다. 정말 읽고 싶은 책을 스스로 써서 『Beloved』으로 퓰리처상을 수상했다. 인생은 완벽하게 혼자 떠나는 여행이다. 어떤 여행을 가더라도 새로운 여행지에는 낯선 나를 발견한다. 토니 모리슨은 "정말 읽고 싶은 책이 있지만 아직 출판되지 않았다면, 여러분이 직접 써야 한다"고 말했다. 인생이라는 여행에서 당신은 어떤 여행기를 쓸 것인가? 어디를 여행하고 어떤 내용의 책을 쓸 것인가? 그 여행지와 책을 미라클맵에 붙여보자.

사람들은 지금 사는 곳에서 다른 새로운 곳을 여행하기를 항상 꿈꾼다. 어떤 사람들은 그 꿈을 이루기도 하지만, 또 어떤 사람들은 꿈을 마음속에만 묻어 두고 다른 사람들의 여행기를 보고 듣는다. 여행을 떠난 사람들의 사진을 볼 수 있지만, 그것을 실제로 가서 느끼는 것과 다르다. 직접 떠나보는 것이 경험상 좋다. 여건이 되면 가고 싶은 모든 곳을 미라클맵에 붙이고 상상해보자. 반드시 그 여행지에 가 있는 여러분을 발견할 것이다. 미라클맵에 붙이는 것들 중에 가장 먼저 이루어지는 것이 신나는 여행 영역이다. 국내도 좋고, 전 세계도 좋다. 어떤 여행지라도 좋으니 적극적으로 붙인다.

마리아 릴케 시인은 여행에 대해서 이렇게 조언했다. "마음의 가장 깊은 중심에서 부르고 있는 당신의 자신의 소리를 듣고 자신을 사랑하려고 노력하세요." 여행은 자신을 사랑하기에 가장 좋은 방법이다. 여행을 하다보면 내면의 소리와 진짜 자신과 마주하게 된다. 진짜 자신이 누구인지를 알기 위해서 지금의 익숙한 곳을 떠나보자. 사람들과 함께 하는 여행도 좋지만, 혼자 하는 여행은 더욱 좋다. 인생의 부름을 받고 혼자 어디론가 떠나기로 결심하면 여러분에게 지혜로운 나침반이 생길 것이다. 용감한 항해사가 되어줄 미라클맵은 여러분이 붙이는 어떤 곳에라도 여러분을 데려다 줄 것이다.

이미 여행하고 있는 자신을 거울에 비추어본다. 눈을 감고 황금색 거울이 내 앞에 나타난다. 자신이 그토록 가고 싶었던 여행지에서 아주 가벼운 차림으로 조깅을 하고 있는 모습, 해변을 산책하고 있는 모습이 보이는가? 주변에서 밝은 색 아침의 황금빛 태양이 떠올라 자신의 내면 존재를 환하게 비추는 모습을 상상한다. 이 황금빛은 내면의 모든 상처를 치유해주고, 그동안 살아오느라 자신을 외면했던 모든 부분을 위로해준다. 몸의 어떤 부분이 불편하다면, 그 증상도 전부 다 치유해준다. 거울에 비친 내 모습이 너무나도 사랑스럽다. 주변에서는 이런 밝은 나를 보고 칭찬해준다. 강하고 건강하고 활기찬 자신의 당당한 여행지의 모습을 바라본다. 여러분의 진정한 자아를 안아주길 바란다.

헬렌 켈러는 말했다. "삶은 단 두 가지 종류가 있다. 과감히 모험을 하는 삶과 아무 의미가 없는 삶이다. 변화를 의연하게 받아들이고 운명 앞에 창조적으로 여행을 떠나는 것처럼 행동하는 태도야말로 무적의 힘이다." 지금 자신의 상황이 헬렌켈러 보다 좋다면 전부 다 할 수 있다. 무적의 힘은 자신의 내면에 있는 무한 지성과 지혜다. 그 힘이 여러분을 원하는 곳 어디에든 데려다 놓을 것이다.

여행을 위한 미라클맵(10자 이내)

1. 소원 _____

2. 소원 _____

3. 소원 _____

긍정문

— 모든 여행지가 나에게 자연스럽게 다가온다.

— 나는 최상의 여행을 할 자격이 있다.

— 나는 거리낌 없이 자유롭게 행동한다.

— 과감한 모험은 내 인생의 가치관이다.

— 모든 여행지에서 내게 축복이 있을 것이다.

— 내가 있는 곳마다 신이 나를 도와준다.

기적을 일으킬 항해를 떠나자

여러분은 이제 미라클맵을 모두 읽었다. 지금 여러분의 마음속에는 꿈이 풍선처럼 둥둥 떠다닐 것이다. 이 풍선이 터지지 않기 위해선 지속해서 열을 가해야 한다. 바람을 불어넣어 주지 않으면, 풍선의 공기가 빠져 저 멀리 날아가 사라질 수도 있다. 지금부터는 그 꿈을 절대 버리지 말자. 가슴 속에 타투를 하듯이 생생하고 진하게 그려 넣는다. 절대 지우개로 지워지지 않는다. 의심이라는 지우개는 언제라도 꿈을 날려버릴 수 있다. 타투는 강하게 레이저로 지우지 않으면 절대 사라지지 않는다. 마음을 강하게 먹고 한 번 새긴 꿈은 반드시 이루어진다.

화석화라는 말이 있다. 화석은 지질 시대에 살았던 고생물의 유해나 흔적이 남아있어 후대에 역사를 읽을 수 있게 해준다. 우리의 미라클맵은 화석화의 자료이다. 꿈의 역사를 자신의 가슴에 새기고, 우주에 보내면 언젠가는 후대에 크게 기여할 정도의 역사적인 자료가 된다. 지금 여러분이 새긴 꿈은 후대가 보고 배울 자료다. 아이들이 있다면 아이가 부모의 꿈을 이룬 모습을 보면서 함께 성장하게 된다. 미라클맵은 한 번 새기면 절대로 사라지지 않은 꿈의 각인이다. 절대로 사라지지 않고 반드시 이루어진다. 어떤 형태로든 반드시 이루어지는 것이 꿈이다.

나는 장담할 수 있다. 이 미라클맵으로 수억 원을 벌거나, 자신이 바라는 이상적인 집에서 살면서 행복할 독자들의 모습이 보인다. 사업도 크게 성공하고 바라는 모든 것들이 이루어진다. 아이들도 잘 낳고, 가고 싶은 여행지를 모두 다 가고, 하고 싶은 도전도 모두 하게 된다. 그러면 수년 후에 '엄남미 작가의 『미라클맵』 덕분에 지금 이렇게 행복하게 되었지……'라고 회상해 주신다면, 그 모든 직업을 다 버리고, 작가가 되기로 한 나의 사명에 대해서 진정으로 감사할 것이다.

미라클맵을 만들지 않으면, 많은 시간을 많이 낭비하게 된다.

가야 할 이정표가 없는 산에서는 길을 잃을 수밖에 없다. 어디로 가야 하는지 지도가 없이 어딜 갈 수 있단 말인가? 우리가 어디를 갈 때 뇌의 뉴런에다 "오늘 친구랑 잠실 석촌 호수에 갈 거야"라고 명령하고 가지 않는가? 이것은 자동적이다. 그러면 우리는 잠실에 도착해있다. 꿈도 마찬가지다. 알라딘의 요술램프에서 나온 파란색 지니에게 "나는 2020년 2월 20일에 스위스 가게 해주세요."라고 소원을 말하자. 그런 다음 제목으로 '알프스의 소녀를 만나다.'라고 적고, 스위스의 알프스 산맥이 멋있게 나온 이미지를 미라클맵에 붙인다. 그리고 이 기적같은 꿈이 꼭 이루어지기를 바라는 마음으로 긍정문을 쓰자. 꿈은 우리가 마음에 안 든다고 우리를 배신하지 않는다. 누구의 소원이든 반드시 우주에 쏘아서 이루어지게 만든다. 어쩌면 우주는 우리가 소원을 제발 좀 크게 더 크게 만들어서 키우라고 말하고 있는지도 모른다.

아주 큰 꿈도 좋다. "2025년 2월 25일까지 백만장자가 되게 해주세요. 혹은 내 소원은 2025년 2월 25일 2시 25분 pm까지 백만장자가 되는 것이다."라고 적어본다. 그리고 정확히 2025년 2월 25일 2시 25분에 당신은 백만장자가 되어 행복해 할 것이다. 어린 시절부터 마음속에 미라클맵이 이루어졌던 체험을 한두 번 한 것이 아니다. 수백 가지를 했고, 기적도 많이 체험했다.

그래서 미라클맵이 반드시 효과가 있다는 것을 알고 있다. 확실히 체험한 사람들만이 충고하고 조언하는 것이 효과가 있다. 자신의 사례가 없이 남의 사례를 빌려다 쓴 책에는 효과가 없으니 힘이 없다. 이 책은 대한민국의 꿈의 의식을 바꾸어 줄 것이다. 나는 이런 사례를 주변에서 아니 수많은 성공한 사람들을 인터뷰해 본 결과 너무나도 많이 봤다. 미라클맵이 없는 사람들은 불만과 고통 속에 살고 있는 사람들이 많이 있다. 미라클맵을 매일 보고 만드는 사람들은 사회에서 존경 받고 자기 계발의 최고조인 self actualization(자아실현)이 되어 뭐든지 할 수 있게 된다.

내가 경험했던 미라클맵은 어떤 역경에서라도 모두 다 꿈을 이루는 방향으로 우리를 인도한다. 모든 사람들에게 기적 같은 삶을 선사 한다는 것이다. 여러분은 이제 어떻게 만드는지 알았다. 친구와 가족과 수다로 삶을 그릴 수도 있다. 아니면 미라클맵을 만들면서 더 진취적이고 가치 있고 의미 있는 삶을 살 수도 있다. 최근 연구에 의하면, 행복은 그냥 놀고 먹거나, 하기 싫은 일을 하지 않은 것보다 의미 있는 일을 하는 것이라고 한다. 자신의 꿈을 이루는 것보다 더 행복한 것이 어디에 있겠는가? 여러분이 이 세상에 태어난 목적은 미라클맵을 만들고 자신의 꿈을 이루기 위함이다. 지금까지 읽어주신 여러분께 너무나도 감사드리고, 이 원고를 마치면서 그동안 이 원고에 들인 노력에 감동의 눈물이 난다. 여러분이 이룰 꿈을 생각하면 가슴이 벅차다. 언제나 꿈을 응원한다. 파이팅!

꿈을 이루는 기적 지도
미라클맵

초판 1쇄 2019년 12월 25일
    3쇄 2022년 1월 13일
지은이 | 엄남미
펴낸이 | 김용환
펴낸곳 | 캐스팅북스
디자인 | 별을 잡는 그물

등 록 | 2018년 4월 16일
주 소 | 서울시 강서구 양천로 71길 54 101-201
전 화 | 010-5445-7699
팩 스 | 0303-3130-5324
메 일 | 76draguy@naver.com

ISBN 979-11-965621-2-0 03190